大學衍義

3

宋 真德秀 編

明崇禎五年刊本

第三册

大學衍義卷之三十

宋 學士 眞德秀 彙輯

明 史官 陳仁錫 評閱

誠意正心之要二

崇敬畏

規警箴誡之助

大學曰。湯之盤銘。盤。沐浴之盤也。銘者。名其器以自警之辭 曰苟日新。苟。誠也 日日新。又日新。

朱熹說。已見大學或問。

踐阼篇。大戴禮篇名 武王踐阼三日。受丹書於太公。惕若

顧諟明命正如此天之命無乎不在

戒懼而爲成書於席之四端爲銘曰云云全文見第二卷

席四端銘曰安樂必戒無行可悔一反一側亦不可不志殷監不遠視爾所代爾武王自謂也代謂周代商

臣按安樂則易怠怠則必有悔故孟子曰生於憂患而死於安樂當寢而安逸欲易作一反一側敬不可忘淫戲自絕視彼殷商銘席四端爲心之防

鑑銘曰見爾前慮爾後

臣按鑑雖甚明見面而不見背猶吾一心有所明亦有所蔽患常伏於照察所不及過常生於

意慮所不周。故雖聖人。懍乎隱憂。

盤銘曰。與其溺於人也。寧溺於淵。溺於淵猶可游。溺於人不可救也。

臣按。盥沐之盤。朝夕自潔。因而爲銘。與湯一轍。溺人溺淵。因水生戒。蓋溺於淵者。猶可浮游而出。憸夫壬人所以陷溺其君者。千智百態。使吾沉迷於旨酒厚味。顛倒於艷色淫聲。方恬安而莫覺。倐禍敗之遄與。斯其爲患。詎止於溺淵而已乎。

楹銘曰。毋曰胡殘。殘。害也其禍將然。毋曰胡害。其禍將

大舜曰胡傷其禍將長

臣按斯銘凡三反復蓋人情每忽於窈微而禍亂常生於隱伏銘之於楹朝夕見之以敬以戒保於未危

杖銘曰於乎危（於音烏一本作惡音同）於忿疐（於如字疐怨也）於乎失道於嗜欲於乎相忘於富貴

臣按大易所謂懲忿窒欲蓋忿者有危身之憂縱欲者有失道之辱杖之爲物于以自扶操之則安全有賴舍之則顛蹐可虞富貴奢淫易忘兢畏於杖爲銘是或此義

㡉銘曰。隨天之時。以地之財。敬祀皇天。敬以先時。

臣按天實生時。地實生財。而君用之。敢昧自來。祀以報本。亦必先時。匪物是貴。敬以將之。齊明盛服。對越上帝。於㡉爲銘。朝夕是戒。

紱銘曰。帶人以爲服。動必行德。行德則興。倍德則崩。倍。與背同。崩。傾壞也。

臣按紱之爲服。以示威武。然德寔威本。威乃德輔。惟德是行。無思不服。一於用威。秖取顛覆。頷頷獨夫。所寶者紱。終以自燔。千古之鑑。

矛銘曰。造矛造矛。少間弗恐。少間。謂須臾也。終身之羞。余一人所聞以戒後世子孫。

臣按兵者凶器，聖人所重，苟非拯民，其忍輕用？一矛之造，謹之戒之，況於兵端一啟，伏尸百萬，流血千里，戕生靈之命，奸天地之和者，皆斯須不忍實爲之。寧王以此戒其子孫，萬世人主，可違斯言。銘凡十有四，今摘其詞義易知者如右。

禮運（禮記篇名）：三公在朝，三老在廟（卽三公之致仕者），王前巫而後史，卜筮瞽侑（卜筮，掌卜筮之官。瞽，無目者，誦詩以侑也），王中心無爲也，以守至正。

臣按古之所以衆建忠賢，森列左右者，皆以正人君之心也。在朝則有三公焉，所謂道之教訓傳之德義，保其身體者也。在廟則有三老焉，所謂憲德乞言者也。巫掌祀，以鬼神之事告王。史掌書，以三皇五帝之事告王。掌卜筮者以吉凶諫王。瞽矇之叟以歌詩諫王。一人之身，而左右前後挾而維之，以引以翼，有孝有德，雖欲斯須自放，得乎？故王中心它無所爲，惟守至正而已。後世人主所親者褻御近習，所說者淫聲美色，狐媚蠱惑者千態萬貌，雖欲無邪其思，得乎？此君德之所以不如古也。

古之君子必佩玉。右徵角。左宮羽。宮商角徵羽五音也。佩在右者。其音中徵角。在左者。其音中宮羽。趨以采齊。路門外之樂節也。門外謂之趨。齊音茨。采齊。即今楚茨之詩。行以肆夏。登降之樂節也。肆夏。即今時邁之詩。周旋中規。周旋。反行也。宜圓。折旋中矩。折旋。曲行也。宜方。進則揖之。退則揚之。然後玉鏘鳴也。揖之謂小俛。佩見於前。揚之謂小仰。佩見於後。鏘。玉聲。君子在車則聞鸞和之聲。鸞和。皆鈴聲。行則鳴佩玉。是以非辟之心無自入也。

臣按古之君子於所以養其心者。無不至也。佩玉中宮徵之音。步趨有詩樂之節。行必中規矩。在車則聞鸞和。進退俯仰之間。出入動靜之際。

致壽之道亦不出此故曰石猶生我

莫不節之以禮和之以樂故於是時防邪僻而導中正其爲功也易後世一切無之而所以熒惑斲喪者則不可勝數故於是時防邪僻而導中正其爲力也難夫惟知其難而益勉持敬之功庶乎非僻無自而入不然非臣之所敢知也

國語衛武公年數九十有五矣猶箴儆於國曰自卿至于師長士（卿者執政之官師長官師之長士謂上中下士）苟在朝者無謂我耄而舍我必恭恪於朝朝夕以交戒我聞一二之言必誦志而納之以訓道我（謂聞人之言必誦念記憶而納之也志猶記也）在輿有旅賁之規（輿車也旅賁虎賁也）位宁有官師之典（宁者人君

之位倚凡有誦訓之諫。倚凡。間居之時。誦訓。主誦書之官。居寢有暬御之箴。居寢。燕息之時。暬御。謂近習也。臨事有瞽史之道。瞽史。知天道者。宴居有師工之誦。師工。樂官。史不失書。史。掌書史者。矇不失誦。矇。謂瞽矇。以訓御之。於是乎作懿戒以自儆已。懿戒。即今抑詩也。及其沒也。謂之叡聖武公

臣按衛武公之所以約敕其身者。可謂至矣。自卿以下。無一人不使任箴規之職。自在輿以下。無一處不欲聞箴規之言。猶且作抑詩。使人誦之不離其側。如是而意不誠。心不正者。未之有也。惟能如此。故生有令名。殁有美謚。後之人主

尚其法諸

孔子觀於魯廟。有欹器焉。孔子曰。吾聞古之欹器者。虛則欹。中則正。滿則覆。顧謂弟子。挹水而注之。中而正。滿而覆。虛而欹。孔子喟然歎曰。吁。惡有滿而不覆者哉。子路曰。敢問持滿有道乎。孔子曰。聰明聖知。守之以愚。功被天下。守之以讓。勇力撫世。守之以怯。富有四海。守之以謙。此所謂挹而損之之道也。

臣按欹器古之遺法。自三皇五帝有之。所謂宥坐之器也。天下之理。至于中而止。故列聖相傳。以中爲大法。而制器亦象焉。虛而欹。不及也。滿而覆。過也。過與不及。均爲非中。惟中則正矣。斯器目陳于前。是亦几杖有銘之意也。孔子因之以陳持滿之戒。使人知挹損之道。富哉言乎。

孔子觀周。入后稷之廟。右階之前有金人焉。三緘其口而銘其背。曰古之愼言人也。戒之哉。無多言。無多事。多言多敗。多事多害。安樂必誡。無所行悔。勿謂何傷。其禍將長。勿謂何害。其禍將大。勿謂不聞。神將伺人。焰焰弗滅。炎炎若何。涓涓不壅。終爲江河。綿綿不絕。或成網羅。毫末不折。將尋斧柯。誠能愼之。福之根也。曰是何傷。禍之門也。强梁者不得其死。好勝者必過其敵盜憎主人民怨其上君子知天下之不可上也故下之知衆人之不可先也故後之江海雖左長於百川以其卑也天道無親常與善人戒之哉戒之哉孔子既讀斯文也顧謂弟子曰小子志之此言實而中情而信詩云戰戰兢兢如臨深淵如履薄冰行身如此豈口過患哉言無口過之可憂也

臣按斯文大略與武王諸銘相出入必古之遺言也孔子因是而發臨深履薄之言人主誠能誦之於口志之於心而書之宥坐以自警亦進德之一助云

借圖極論公之愛君如此

唐穆宗問開元治道最盛何致而然宰相崔植對曰玄宗即位得姚崇宋璟此二人蚤夜孜孜納君爲道璟嘗手寫尚書無逸爲圖以獻勸帝出入觀省以自戒其後朽暗乃代以山水圖稍怠于勤左右不復箴規姦臣日用事以至于敗今願陛下以爲元龜則天下幸甚

臣按無逸一書萬世之蓍龜也宋璟手寫爲圖以獻可謂有志於正君矣今

經筵所在每設此圖庶幾開元故事然必玩而繹之如姬公之在前宋璟之在後惕然自省不

敢暇逸然後此圖能爲進德之助不然則亦山
水之繪其與幾何惟
聖明其深念之
以上論規警箴誡之助臣聞程頤有言古
之人耳之於樂目之於禮左右起居盤盂
几杖有銘有戒動息皆有所養今皆廢此
獨有理義之養心耳但存此涵養意久將
自熟敬以直內是涵養意頤之意蓋欲學
者敬以自持而內自直雖無禮樂銘戒之
助可也然以學者言之則今之所無固未

易復以人君言之則亦何所欲而不可耶誠能內主乎敬而凡古人所以自警之具如湯武之銘筆之翰墨設之屏幛可也使人諷誦入耳著心可也燕閒永日毋深居中禁而時御便朝使儒臣環侍迭陳規益如衛武公之自警可也魯廟之器欹而爲之設于宥坐以致滿盈之誡可也不寧惟是宮庭宴樂以古者獻酬之禮而易今之舉觴命爵以古者房中之樂（如周南召南是也）而代今之樂府歌辭惟所欲爲孰曰不可內

外交養。動靜弗違。而意不誠。心不正者。未之聞也。臣敢昧死以爲

聖明之獻

大學衍義卷之三十 終

直窮至四夷來王而後見法度之尊愛勤之責

大學衍義卷之三十一

宋 學士 眞德秀 彙輯

明 史官 陳仁錫 評閱

誠意正心之要二

戒逸欲

逸欲之戒

書益曰吁（歎辭）戒哉儆戒無虞（虞度也）罔失法度罔遊于逸罔淫于樂任賢勿二去邪勿疑疑謀勿成百志惟熙（熙廣也明也）罔違道以干百姓之譽（違背也干求也）罔咈百姓以從己之欲（咈違也）無怠無荒四夷來王

臣按此蓋戒舜之辭也既吁而後戒又申之以
儆戒深言治安無虞之世可畏而不可恃也夫
治安之世易失者法度易縱者逸樂故首言之
若任賢之不可不專去邪之不可不果謀事未
合於理之不可成與夫違道以求名咈衆以徇
欲皆枚數而告戒之而終之曰無怠無荒四夷
來王蓋治亂之源在人主之一心能守法度不
縱逸樂則其心正矣然後於人之賢否知所用
舍謀之是非知所決擇心志洞然無一蔽惑則
於逆理違欲之事自不肯為又以常憂勤常兢

畏而不以怠荒聞之然後中國尊而四夷服其効有不可揜者蓋之進戒始於君心而終於君心此自古聖賢傳授之要法也晉武帝混一天下唐玄宗身致太平皆以逸樂怠荒召戎狄之釁其流禍至於數百年然後知聖賢之言為萬世之蓍策其可忽諸

臯陶曰無教逸欲有邦

臣按此臯陶戒舜之辭逸謂燕安怠惰之私欲謂奢靡荒淫之好人主一身天下之表倡也故當以勤儉而率諸侯不可以逸欲教有邦夫所

謂教者非昭然示人以意嚮也。逸欲之念少萌于中。則天下從風而靡矣。此臯陶所以惓惓也。

禹曰。無若丹朱傲。丹朱堯子。不肖。惟慢遊是好。傲虐是作。罔晝夜頟頟。傲虐貌。罔水行舟。朋淫于家。用殄厥世。殄。絕也。予創若時。創。懲也。娶于塗山。國名。辛壬癸甲。辛日娶妻。甲日復出治水。啓呱呱而泣。啓。禹子。予弗子。唯荒度土功。荒。大也。

臣按。此大禹戒舜之辭。丹朱之不肖。其惡多端。禹獨以傲之一辭斷之。傲者驕怠之謂。此衆慝之源也。故所好者慢遊。所作者傲虐。不分晝夜。而肆其頟頟之狀。無水而強行舟。羣淫而亂家。

政所以殄絕之世也。禹以敬戒之心懲其若此，是以有室而弗遑居，有子而不暇愛，獨於平土之功不敢後焉。朱惟驕怠，是以騁欲；禹惟敬戒，是以忘私。其言之於舜，亦以戒舜也。夫舜以大聖之資，安有可戒之事？而益以怠荒戒，皋以逸欲戒，禹又以傲虐戒，豈憂其有是而豫防之邪？抑知其無是而姑爲是言邪？人心惟危，自昔所畏，雖聖主不敢忘操存之功；大臣事聖主，不敢廢規儆之益。後之君臣宜視以爲法。

太康失邦，夏后氏也。昆弟五人須于洛之汭，作五子之歌。

其二曰訓有之內作色荒外作禽荒甘酒嗜音峻宇雕牆有一于此未或不亡

臣按大禹之訓凡六言二十有四字爾而古今亂亡之釁靡不由之凜乎其不可犯也古詩之體實原乎此意者大禹爲之使子孫誦而傳之乎爲人主者以此大訓揭之坐隅銘之楹席若古聖人儼臨乎前則保國之金湯全生之藥石也

仲虺之誥（仲虺作此以告成湯）惟王不邇聲色不殖貨利（王謂成湯邇近也殖生也）德懋懋官（懋勉也）功懋懋賞用人惟已改過不

吝。

臣按淫聲美色迷心之鴆毒故湯弗邇之珎貨厚利者害義之根荄故湯弗殖之人欲消亡天理昭著是以勉於德者必勉之以官勉於功者必勉之以賞用人之善由巳之善巳有不善則改而從善公平正大卓舉明白其原皆自不邇不殖始然則人主之心其可使有一毫物欲之累哉。

伊尹作伊訓。訓太甲也 曰嗚呼先王肇脩人紀也肇始 從諫弗咈違弗咈先民時若。先民猶言古人時是也若順也 居上克明爲下克

帝王有天下必有大制作以貽後如制官刑是也

忠爲去聲與人不求備檢身若不及檢爲約飭也以至于有萬邦茲惟艱哉敷求哲人敷廣也哲人賢哲之人俾輔于爾後嗣制官刑儆于有位儆戒也曰敢有恒舞于宮酣歌于室時謂巫風敢有殉于貨色恒于遊畋時謂淫風敢有侮聖言逆忠直遠耆德比頑童時謂亂風惟茲三風十愆卿士有一于身家必喪邦君有一于身國必亡臣下不匡其刑墨匡正也墨者貪以敗官之刑具訓于蒙士蒙童蒙嗚呼嗣王祗厥身念哉聖謨洋洋嘉言孔彰惟上帝不常作善降之百祥作不善降之百殃爾惟德罔小萬邦惟慶爾惟不德罔大墜厥宗

臣按伊尹先言成湯以治己者而後述其所以治人者此身教之義也蓋自夏桀之亂綱常掃地湯始修而正之惟忠諫是從惟先民是順居上則能明其德為民則能盡其心恕以及人故不求其備嚴以律身故如恐弗及積行累善如此以至于有天下其惟難哉成湯念得之之難懼保之之不易也於是廣求賢哲以輔後人又制官刑以儆有位蓋將維持王業於無窮也巫歌舞以樂神者也故恒舞于宮酣歌于室是為巫覡之風殉猶殉葬之殉陷身于貨色之中不

知省悟。又恒于畋獵不知止息。是爲淫泆之風。侮嫚聖人之言。違咈忠直之士。疎遠耆艾之德。親比頑嚚之童。是爲悖亂之風。三風其綱。而十愆其目也。卿士有其一。家必喪。諸侯有其一。國必亡。臣下不能諫正者。繩以敗官之罪。其刑墨。童蒙之士則以此訓之。夫自卿士以至諸侯。或蹈其一。猶必取喪亡之禍。况太子乎。故伊尹以此訓太甲。欲其敬厥身。而念之不忘也。愆雖有十。苟能敬。則十者俱泯。一不敬。則十者俱生。故敬之一辭。乃治三風十愆之藥石也。篇將終。

又深歎聖言之彰明與天命之難保以警動太甲之心冀其必聽眞所謂社稷之臣與

武王克商遂通道于九夷八蠻西旅底貢厥獒西戎遠國底致也犬高四尺曰獒太保乃作旅獒太保三公之官召公奭也曰嗚呼明王愼德四夷咸賓無有遠邇畢獻方物惟服食器用王乃昭德之致于異姓之邦無替厥服分寳玉于伯叔之國時庸展親庸用也展布也人不易物易讀如輕易之易惟德其物德盛不狎侮狎侮君子罔以盡人心狎侮小人罔以盡其力不役耳目百度惟貞玩人喪德玩者戲狎之謂玩物喪志志以道寧言以道接不作無益害有益功

乃成。不貴異物賤用物。民乃足。犬馬非其土性不畜。珍禽奇獸不育于國。不寶遠物。則遠人格。所寶惟賢。則邇人安。嗚呼。夙夜罔或不勤。不矜細行。矜謹也終累大德。為山九仞。八尺曰仞功虧一簣。簣取土器允迪茲。生民保厥居。惟乃世王。

臣按。西旅獻獒而未受也。召公已作書戒王。古者人臣之格君心。皆於過失未形之際。不待已形而後言也。夫明王敬謹其德。豈欲四夷之我賓哉。而賓貢乃有不求自至者。然其所獻。不過服食器用而已。無它玩好也。王乃以其物錫異姓之諸侯以示德之所致俾無廢其所職若寶玉則分于同姓之國以布親親之恩於是人不以物視物而以德視物受其賜者無敢慢易而各思勉其德焉夫有德者必敬敬則不狎侮若狎侮君子則君子去之而無以盡其心狎侮小人則小人怨之無以盡其力召公先言愼德至此又以狎侮爲戒葢不敬乃敗德之源故也物之誘人因視聽而入目悅色耳悅聲苟非心有所主未有不反爲耳目所役者故必使耳目聽命於心而後可也心得其職則百度正猶官得

其人而庶事修也。玩人喪德。卽上文所謂狎侮也。玩物喪志。卽上文所謂役耳目也。玩人則以人爲戲。輕薄嫚易。未有不喪其德者。玩物則以物爲戲。荒縱淫泆。未有不喪其志者。然則何以寧其志。曰道而已。道者人心之正理。以道養心。則物欲不作。而恬愉安平。是之謂寧。衆多之言交至吾前。何以應之。曰道。爲權是非當否。折之以理。雖詖淫邪遁。其能遷乎。舜以危微精一告禹。繼之曰無稽之言勿聽。此內外交養之方也。召公之意。其在於是。世之人主。於有益之事多不肯爲而惟無益者是爲故心志分而功不成於有用之物多不知貴而惟無用者是貴故征求多而民不足惟知本務實者不然工商之巧不如農桑之朴錦繡之奢不如布帛之温推類而言莫不然也小駟乘而晉師以敗非上性也晉惠公與秦人戰乘小駟鄭出也故敗見獲於秦事見左傳白狼入而荒服不至好珍奇也周穆王伐犬戎得白狼白鹿以歸荒服遂不至事見國語千里馬之却漢文所以有道事見後卷鬬鴨之求魏氏所以不長魏文帝喪服未除遣使於孫權求鬬鴨事見三國志齊不寶徑寸珠而寶檀子敵以畏楚不寶白珩而寶觀射

父國以强。凡此皆後世事。而召公之言無一不驗者。此其所以爲聖賢與。篇將終。又歎息而言。蚤夜無或不勤。前言愼德。欲其不嫚。此言勤。欲其不怠。愼者嫚之反也。勤者怠之反也。人主能愼而不嫚。能勤而不怠。其事畢矣。行者德之積。微者鉅之積。一行不愼。全德之累。微者少忽。鉅者不成。又以爲山譬之。九仞之功。虧於一簣。不可也。萬年之業。隳於一旦。其可乎。苟能信蹈乎茲。則民生安其居。民生安則王業永矣。夫以武王之聖。而召公戒之勤勤懇懇至於如此。後世人主其可以已德爲旣足。而厥規切之論乎。

周公作無逸。（作此以戒成王）曰嗚呼。君子所其無逸。（所猶居也）先知稼穡之艱難。（種曰稼成曰穡）乃逸。則知小人之依。（依謂小人所恃以爲生也）相小人。厥父母勤勞稼穡。（相視也）厥子乃不知稼穡之艱難。乃逸。乃諺。（諺鄙語也）旣誕。（誕妄言也）否則侮厥父母。曰昔之人無聞知。（昔之人指父母也）周公曰嗚呼。我聞曰。昔在殷王中宗。（中宗卽商大戊也）嚴恭寅畏。（四者皆敬也）天命自度。治民祗懼。不敢荒寧。肆中宗之享國七十有五年。其在高宗。時舊勞于外。爰暨小人。（暨及也。高宗爲太子時父命之令居民間習民事。）作其卽位。（作起也）乃或亮陰。三年不言。（亮信也。陰默也。）其惟

不言言乃雍。（雍和也。）不敢荒寧嘉靖殷邦至于小大無
時或怨肆高宗之享國五十有九年其在祖甲不義
惟王舊爲小人作其即位爰知小人之依能保惠于
庶民（保安也。惠愛也。）不敢侮鰥寡肆祖甲之享國三十有三
年自時厥後立王生則逸（謂商之後王也。）生則逸不知稼穡
之艱難不聞小人之勞惟耽樂之從自時厥後亦罔
或克壽或十年或七八年或五六年或四三年周公
曰嗚呼厥亦惟我周大王王季克自抑畏（抑損也。）文王
卑服即康功田功徽柔懿恭（徽美也。懿亦美也。）懷保小民惠
鮮鰥寡自朝至于日中昃不遑暇食用咸和萬民文

王不敢盤于遊田。盤樂也。以庶邦惟正之供。供貢也。文王受命惟中身。厥享國五十年。周公曰。嗚呼。繼自今嗣王。則其無淫于觀。于逸。于遊。于田。淫過也。以萬民惟正之供。無皇曰。今日耽樂。乃非民攸訓。非天攸若。時人丕則有愆。無若殷王受之迷亂。酗于酒德哉。

臣按。呂祖謙曰。天行健。君子以自强不息。無逸者。天德也。亦君德也。君子所其無逸者。凡人乍勤乍惰。蓋亦有無逸之時。然能暫而不能居。非所其無逸者也。惟君子以無逸爲所。如魚之於水。獸之於林。有不可得離者焉。或慕而爲之。或勉而行之皆非所其無逸其視乾健不息之體猶二物也先知稼穡之艱難乃逸則知小人之依此非始於憂勤終於逸樂之論也葢言備嘗稼穡之艱難乃處於安逸則深知小人之所依依者小民所恃以爲生者也未嘗知稼穡之艱難而遂處安逸興一宫室起一力役視之若易然而民有不得其死者矣成王生於深宫而遽處人上周公深爲之懼故以此言警之若以始勤終逸釋之是乾健之體有時而息矣後世漸不克終之患未必非此論啟之也相厥小人以

下。蓋引閭里近事明之也。乃逸者。縱逸自恣也。乃諺者。縱逸則所習者下。委巷謡諺。常誦於口也。旣誕者。長惡不悛。遂至於誕妄也。若非誕妄。則必訕侮其父母。曰昔之人無聞知。自以爲黠。而反以老成爲愚也。劉裕奮農畝而取江左。一再傳之後。子孫見其服用。反笑曰。田舍翁得此亦過矣。此所謂昔之人無聞知者也。以成王之中材。向使管蔡得志。日夜扇惑。戕賊之。安知其不以后稷公劉爲田舍翁乎。臣謂厥子乃不知稼穡之艱難。而遽起安逸。所以誕妄侮厥父母

成王亦非中材恐管蔡不能惑否則不若漢昭乎

餘則祖謙盡之。祖謙又曰。此舉無逸之君以告成王。歎息而謂之我聞。蓋其語有所自來。欲成王敬聽之也。嚴則謹重。恭則降下。寅則肅莊。畏則兢業。合而言之。則敬而已矣。天命自度。言中宗常以天命自律也。維天之命。存於心。流行於天下。著見於祲象。內體道心之微。外觀天下之公。仰因祲象之示。參驗省察。不違其則。所謂以天命自律也。因桑穀之變而修省。此則天命自度之一端耳。治民祗懼。不敢荒寧。天人一理。既畏天命。必不敢輕下民。中宗之敬則然矣。所以享國七十有五年何也惟敬故壽也主靜則悠遠博厚自强則堅實精明操存則血氣循軌而不亂收斂則精神內守而不浮至於檢約克治去戕賊之累又不在言凡此皆敬之方而壽之理也自此而下至于文王皆眉壽無有害者莫非此理也孔子言仁者壽仁其體敬其功與無逸互相發也無時或怨則非特不怨葢無怨之根矣高宗之所以壽固無異於中宗然言享國五十九年於小大無時或怨之後葢民氣大和導迎善氣是亦壽考之理又發此意以深勸成

王下章論文王之咸和萬民亦此意也。

臣按。舊說以祖甲爲太甲。考諸史記。祖甲者。高宗之子。祖庚之弟也。鄭玄曰。高宗欲廢祖庚立祖甲。祖甲以爲不義逃於民間。與不義惟王之說叶。而以邵雍書參之。祖甲享國三十有三年。世次又正在高宗之後。故知非太甲也。

蘇軾曰。人莫不好逸欲。而所甚好者生也。以其所甚好。而禁其所好。庶幾必信。此無逸之所爲作也。然猶有不信者。以逸欲爲未必害生也。漢武帝唐明皇豈無欲者哉而壽乃如彼夫多欲不享國者皆是也漢武明皇千一而已飲酖食野葛者必死而曹操獨不死亦可效乎呂祖謙又曰商周猶異世也文王親成王之祖也故復舉文王之無逸以告成王言愈近而意愈切矣厥亦云云者將論文王之無逸先言淵源之所自也凡有血氣每患於上陵學問之道無他下之而已矣損抑祗畏所以下之也太王王季所以克自抑畏則其用力於無逸者深矣是乃文王無逸之淵源文王則由父祖之抑畏而至於作聖者也文王卑服即康功田功

者言其自奉之薄而專意於安養斯民耳卑服蓋舉一端宮室飲食自奉之薄皆可推也物莫能兩大厚於奉已必薄於恤民文王於衣服自奉之屬所性不存漠然未嘗留意也則其力果安用哉卽於康功以安民卽於田功以養民而已力不分於奉已故功全歸於恤民也徽柔柔之徽美者也懿恭恭之淵懿者也凡人之柔巽謹愿不謂之柔恭不可也其視徽柔懿恭意味光輝則大不同矣於民言小者蓋匹夫匹婦未被其澤則其懷保猶未周也於鰥寡而言惠鮮者鰥寡窮民垂首喪氣文

王惠綏之莫不鮮鮮然有生意也當是時紂方在上毒痡四海文王處方伯之位而欲咸和其民憂乎有杯水勝火之難推望道未之見之心勤而且勞自應至是也然亦豈若後世量書晝傳餐代有司之任者哉立政言罔攸兼于庶言庶獄庶慎則所謂不遑暇食者其勤勞必有在矣讀無逸則見文王之勞讀立政則見文王之逸豈相爲矛盾者哉於至勞之中有至逸於至逸之中有至勞也遊田國有常制至於盤于遊田則以是爲耽樂固文王之所不爲也不曰不爲而曰不敢者翼翼之小心

也。以遊畋之簡，則可知其用之約。既無橫費，自無過取。所以庶邦之貢於文王者，於正數之外，無一毫之加也。文王爲西伯，所統之庶邦，蓋有常供。其在春秋，諸侯貢於伯主者，斑斑可見。此章論文王之家法，故凡無逸之條目，如崇儉素、重農畝、恤窮困、勤政事、戒佚游、損橫斂，大略皆備。其稱文王之壽，即前章之意。以此坊民，後世猶有妄爲文王憂勤損壽之說，以啟人主之好逸者。

又曰：無逸雖戒成王，實欲後世子孫共守此訓，故以繼自今嗣王言之。觀覽以舒其目，安逸以休其身遊豫以省風俗田獵以習武備此人君所不能無也特不可過而已過則人欲肆而浸入于亂亡矣故周公之戒嗣王不使之無觀逸遊田而使之無淫於觀逸遊田淫謂過也苟必欲絕之使無則迫蹙拘制鬱而不伸非所以養德也前稱文王此戒嗣王皆先言簡遊田而繼以惟正之供蓋欲禁横斂必先絕横斂之源也淫于四者侈費無度其勢不得不横斂四者既省用有常經自應以萬民惟正之供也九貢九賦什一之制皆名正義順天下之中制過是則害於理財正辭之義也人之始

耽樂者。每自恕曰。君惟今日耽樂耳。一日放逸。所害幾何。抑不知是心一流。則自一日而至于二日。自二日至于終身不反也。故周公先塞其源。戒之以無敢皇暇。曰。今日耽樂。下無以示民。而非民攸訓。上無以順天。而非天攸若。可謂有莫大之愆。而非小失也。一日耽樂。周公禁之如此其嚴。蓋人主不可使知耽樂之味。苟開其一日之樂。以爲無傷。遂其既嘗此味。則寖深寖溺矣。

臣按無逸一書。前舉三宗。後舉文王。俾成王知所以法。又舉商王受。俾成王知所以戒。受之惡無所不有而酗于酒其最也。人無智愚皆知憂勤者必享國。而逸欲者必戕生。惟其沉湎于酒心志惛亂。則雖死亡在前亦不知畏。故欲無逸則不可酗酒。酗酒則不能無逸。此周公所以專於陳戒與。

孟子曰。國家閒暇。及是時。明其政刑。雖大國必畏之矣。詩云。豳風鴟鴞之篇迨天之未陰雨。徹彼桑土。徹取也。桑土桑根之皮也綢繆牖戶。綢繆纏綿補葺也今此下民。或敢侮予。孔子曰。為此詩者。其知道乎。能治其國家。誰敢侮之。今國家閒暇。及是時般樂怠傲。是自求禍也。禍福無不自己求之者。

臣按孟子引鴟鴞之詩以爲彼羽毛微類而能於未雨之時豫爲之備如此今國家閒暇不能修明政刑顧乃耽細娛而忘大患可乎昔人有言燕雀處堂母子相安自以爲樂也突決棟焚而母子恬然不知禍之將及是燕雀之智不如鴟鴞遠矣爲國者必能憂勤兢畏以圖安而不爲盤樂怠傲以自禍庶幾免於燕雀之譏乎

梁王觴諸侯於范臺（臺名）酒酣請魯君舉觴魯君興避席擇言曰昔者帝女令儀狄作酒而美進之禹禹飲

而甘之遂疏儀狄絕甘酒曰後世必有以酒亡其國者齊桓公夜半不嗛（音銜。嗛，飽也）易牙乃煎熬燔炙和調五味而進之桓公食之而飽至旦不覺曰後世必有以味亡其國者晉文公得南之威（美婦人也）三日不聽朝遂推南之威而遠之曰後世必有以色亡其國者楚王（莊王）登强臺（臺名）左江而右湖其樂忘死遂盟强臺而弗登曰後世必有以高臺陂池亡其國者今主君之尊儀狄之酒也主君之味易牙之調也左白台（音怡）而右閭須（白台、閭須，皆美婦人）南威之美也前夾林而後蘭臺（夾林、蘭臺，皆臺榭名）强臺之樂也兼此四者可無戒與梁王稱善相屬。

臣按，四者之欲，人之所同，惟聖賢則能以道勝欲，故大禹絕旨酒而不御，晉文推南威而遠之，楚莊盟強臺而不登，晉楚之君，雖未可與大禹同年而語，其勇於自克，亦可尚也。齊桓雖知厚味之亡國，而寵任易牙，至於終身，卒以召亂，是自言之而自蹈之也。物欲之伐人，至爲可畏，惟人主一以大禹爲師，推惡酒之心，以御羣物，而深戒齊桓之不勇，其庶幾乎。

唐太宗時，張蘊古上大寶箴曰：樂不可極，樂極生哀。

欲不可縱，縱欲成災。壯九重於內，所居不過容膝；彼昏不知，瑶其臺而瓊其室。羅八珍於前，所食不過適口；惟狂罔念，丘其糟而池其酒。勿內荒於色，勿外荒於禽；勿貴難得貨，勿聽亡國音。內荒伐人性，外荒蕩人心；難得之貨侈，亡國之音淫。

臣按：《大寶》之箴，亦丹扆之良規也，故剟（音掇）取其略，以備覽觀焉。

以上總論逸欲之戒

大學衍義卷之三十一 終

大學衍義卷之三十二

宋 學士 眞德秀 彙輯

明 史官 陳仁錫 評閱

誠意正心之要

戒逸欲

沉湎之戒

微子（商書篇名）。父師（箕子）若曰。天毒降災荒殷邦。方興沉酗于酒。（沉。謂溺于酒。酗。謂醉而怒。）

臣按。酗酒者受也。而箕子乃歸之於天。葢忠臣不忍斥其君。故爲無所歸咎之辭也。

泰誓。武王伐紂誓師之辭今商王受。弗敬上天。降災下民。沉湎冐色。冐亂也敢行暴虐。罪人以族。官人以世。惟宮室臺榭陂池侈服。以殘害于爾萬姓。又曰。淫酗肆虐。臣下化之。

臣按。受之惡衆矣。而武王誓衆。乃以沉湎爲首者。人惟一心。明則萬善所從出。惛則衆慝所自生。未有沉溺于酒而志不惛者。志一惛則無所不有矣。故曰冐色。曰暴虐。曰宮室臺榭陂池侈服。無不具焉。豈武王以爲罔罪之首也。夫成湯惟其不邇聲色也。故德懋懋官。功懋懋賞。受惟

其生也聰聽彝訓則爾祖父從與享之故

其沉湎冒色也。故罪人以族。官人以世。心有惛明之異。故政有得失之殊。後之人主。其可不鑑

酒誥。王若曰。明大命于妹邦。妹邦。紂故都也。乃穆考文王。穆。敬也。肇國在西土。肇。始也。厥誥毖庶邦庶士越少正御事。誥。告也。毖。謹也。胡夕曰祀茲酒。惟天降命肇我民惟元祀。元。大也。天降威。我民用大亂喪德。亦罔非酒惟行。行音幸。越小大邦用喪。亦罔非酒惟辜。辜。罪也。文王告教小子。有正有事。有正。有官守者。有事。有職業者。無彝酒。越庶國飲惟祀。德將無醉。惟曰我民迪小子。迪。訓導也。惟土物愛。厥心臧。臧。善也。聰聽祖考之彝訓。越小大德。小子惟一。王曰。封。我西

祠考以立教也

土棐徂邦君御事小子。棐輔也。徂往也。尚克用文王教。不腆于酒。腆厚也。故我至于今。克受殷之命。王曰封。我聞惟曰。在昔殷先哲王。哲王謂成湯。迪畏天顯小民。迪蹈也。經德秉哲。經常也。秉執也。自成湯咸至于帝乙。帝乙商之後王。成王畏相。成就也。惟御事厥棐有恭。御事治事也。不敢自暇自逸。矧曰其敢崇飲。矧況也。越在外服。侯甸男衛邦伯。越在內服。百僚庶尹惟亞惟服宗工。越百姓里居。罔敢湎于酒。不惟不敢。亦不暇。惟助成王德顯。越尹人祗辟。尹人者師尹也。祗敬也。辟君也。我聞亦惟曰。在今後嗣王酣身。後王謂商紂。厥命罔顯于民。祗保越怨不易。易改也。誕惟厥縱淫泆于非彝。誕大也。泆蕩也。用燕喪威儀。燕謂飲宴。喪亡也。民罔不衋傷心。衋毒也。惟荒腆于酒。不惟自息乃逸。厥心疾狠。不克畏死。辜在商邑。越殷國滅無罹。罹憂也。弗惟德馨香祀登聞于天。誕惟民怨。庶羣自酒腥聞在上。故天降喪于殷。罔愛于殷惟逸。天非虐惟民自速辜。

臣按商受淫酗。臣民化之。方文王之在西土。已告教在位者謹戒于酒矣。及成王封康叔於衛。衛受之故都也。漸染惟舊。故作酒誥以訓刺之。妹邦即衛也。成王之誥專爲衛而作。故云然也。朝夕祀茲酒。言文王之告教諸侯。而下至於治事之臣朝夕丁寧惟祀則飲斯酒也天之始生黍稷俾民爲酒惟用之大祀而已非資其沉酗也及我民以之喪德諸侯以之喪邦無不自斯酒始酒一也飲之有度而受福則爲天之降命飲之無度而受禍則爲天之降威觀小大邦用喪之言則當時以酒亡國者衆矣惟行以酒爲行也惟辜以酒爲罪也文王既教羣下勿常于酒又教之德將無醉凡飲酒能以德自持則無酗醟音泳之過所謂不爲酒困也民蒙文王之化亦各訓迪子弟惟土地所生之物是愛故其心

藏。葢一溺於酒。則必旁求珎異以自奉。其欲廣。則其心侈矣。是時爲子弟者。亦各聰聽祖考之常訓。訓之常。則入于耳者熟。聽之聰。則志於心也恪。故於小大之德。視之惟一。不以謹酒爲小焉。謹酒非小德。則腆酒非小過亦明矣。夫有司之不腆酒。於天命何預。而王乃以克受商命。爲職此之由。何邪。但觀幽厲陳隋之朝。上下沉酗以致墜失天命。則謹酒而受天命。復何疑哉。旣

又叙成湯之謹酒。與後王之酗身爲康叔戒。葢湯上畏天下畏民。常其德而不變。秉其智而不

惑自是至于帝乙皆以成君德敬輔相爲心而治事之臣亦各盡輔翼之敬雖自暇自逸且猶不敢況曰崇飲乎崇飲謂相尚以飲也是時内外大小之臣無敢湎于酒者不惟禀上之教不敢違亦以職守所在不暇爲不敢猶見勉强不暇則安之矣職守謂何上以助成君德之顯明下以助大臣之祇辟也一時羣臣以此自勵雖欲不興得乎及受沉酗其身命令不著于民惟作怨之事是守惟淫泆非彜是縱安燕以喪其威儀考之史記受爲酒池肉林使男女倮而相

遂其威儀之喪如此民所以痛傷其心悼國之
將亡也而紂方且荒腆于酒逸欲不息其心疾
狠雖殺身而不畏也罪在商邑雖滅國而不憂
也觀今之小人一醉之餘急疾强狠水火可入
兵刃可蹈則受之情狀可知矣馨德者穢德之
對也紂夷居弗事上帝旣無馨香以祀而作怨
于民羣酗于酒惟有腥穢上聞于天天之喪商
無復眷愛之意者以受自放于逸故也天豈虐
商者哉以商人自速其辜耳此書言沉湎之禍
至深至切豈惟康叔敬守弗渝萬世人君皆當

視爲龜鑑。

蕩。召穆公作以刺周厲王。穆公名虎　其五章曰。文王曰。咨。咨女殷商。天不湎爾以酒。不義從式。式。用也　既愆爾止。止。容止也　靡明靡晦。式號式呼。俾晝作夜。

臣按。召公知厲王之將亡。故爲此詩託於文王所以咨嗟商紂者以諷王。言天不使爾沉湎于酒。而惟不義是從是用也。既愆爾止。而下皆譏其飲酒無度之狀。天付人君以位。豈欲爾如此哉。不使爾爲而爲之。是逆天也。儻厲王聞而知警。其庶幾乎。

小宛大夫刺幽王也其二章曰人之齊聖（齊肅也）飲酒溫克（克勝也）彼昏不知一醉日富各敬爾儀天命不又（又再也）

臣按此詩言齊聖之人雖飲酒猶溫恭自持以勝所謂德將無醉也彼昏然而不知者則一於醉而日甚矣於是言各敬謹爾之威儀天命已去將不復來不可以不恐懼也時幽王以酒喪德大夫恐淪胥以敗與其同列自相規戒如此云

賓之初筵衛武公刺時也幽王荒廢媟近小人（媟狎也）

飲酒無度。天下化之。君臣上下。沉湎淫液。武公既入而作是詩。其三章曰。賓之初筵。溫溫其恭。其未醉止。威儀反反。反反。言重謹也。一云反反顧禮也。曰既醉止。威儀幡幡。幡幡。輕數也。舍其坐遷。屢舞僊僊。僊僊。軒舉之狀。其未醉止。威儀抑抑。抑抑。謹密也。曰既醉止。威儀怭怭。怭怭。媟嫚也。是曰既醉。不知其秩。秩。序也。四章曰。賓既醉止。載號載呶。號。呼也。呶。讙也。亂我籩豆。屢舞僛僛。僛僛。傾側之貌。是曰既醉。不知其郵。郵。過也。側弁之俄。側。傾也。弁。冠也。俄。傾貌。屢舞傞傞。傞傞。不止也。臣謂傞傞者。嗟跌之狀。既醉而出。並受其福。醉而不出。是謂伐德。飲酒孔嘉。孔。甚也。嘉。美也。維其令儀。令。善也。五章曰。凡此飲酒。或醉或否。

既立之監或佐之史彼醉不臧不醉反耻式勿從謂毋俾大音泰怠匪言勿言匪由勿語由醉之言俾出童羖童無角也羖羊也三爵不識矧敢多又

臣按此詩凡五章前二者言古者禮飲之事至三章以後乃言幽王酬飲之失方其未醉也威儀猶能敬謹猶能周密及其既醉則幡幡然而輕矣怭怭然而嫚矣舍其坐遷矣載號載呶矣籩豆亂而冠弁俄矣至於屢舞不止始則僊僊然而軒舉次則僛僛然而傾側甚則傞傞然而蹉跌矣君臣燕饗之間所以觀禮而乃媟瀆如

此則誘之曰是旣醉而失其常也旣醉而不知其過也然旣醉矣何爲而不出乎醉而出未至於失禮之甚則君臣猶俱受其福也醉而不出是戕伐其德爲禍可勝計耶夫飲酒所以嘉賓者以其有令儀也今乃若是儀安在乎末章傳者多異辭而先儒劉彝之說曰幽王飲酒必與羣衆小人男女罔閒而立監命史俾睎視巡省有會之人罔得弗醉也衆醉而淫亂邪惡百醜興焉而王用以爲娛不醉者反恥而罰之俾必醉衆皆醉矣淫亂邪惡無所不至幽王方以爲

樂故立史監戒其勿言幸其昏迷大怠用以爲歡焉匪言勿言者厥有醉劇而才於淫穢巧于悖亂匪可以言者則褒而美之用以爲樂謹勿言其非恐愧厥心而弗復肯焉故云匪言勿言也其醉而善於悖亂違拂人倫之事謂之匪由由道也匪由之人常常延納勿語于外留之以爲吾王一笑之歡也有敢道及醉人之非者罰以童羖羖無童者俾之必出所以困其不能謹言也是以有不得已而預其燕飲者心知其非而口不敢言又恥於其身亦爲淫亂故三爵之

後昬昬然醉矣。不識不知矣。矧敢多飲而又寤哉。幽王繼宣王中興之後，使其不道不若是之甚，犬戎豈能殺之哉。嗚呼。禽獸之所弗為，而幽王為之，其滅亡乃自取之也。呂祖謙謂彝於此章，雖多辜强忿激，然論酗酒之害，深切詳明，故錄之。臣今亦有取焉，庶以為方來之監云。

抑。大雅篇名。衛武公自警也。三章曰：其在于今，興迷亂于政。顛覆厥德，荒耽于酒。女雖湛樂從，汝者，武公自謂。弗念厥紹。紹，繼也。罔敷求先王，克共音恭明刑。刑，法也。

臣按：此武公自言今日之所為也。與猶書所謂方興言爲之未已也汝雖惟耽樂是從曾不念紹續之重廣求先王之道而敬奉其明法乎葢先王之明法未有不以耽樂爲戒者能敬奉之則不爲荒縱之行矣

漢武帝嘗與張放等宴飲禁中皆引滿舉白談笑大噱時乘輿幄坐屏風畫紂醉踞妲己作長夜之樂侍中班伯久疾新起上顧指畫而問曰紂爲無道至於是乎對曰書云乃用婦人之言何有踞肆於朝所謂衆惡歸之不如是之甚者也上曰苟不若此此圖何戒對曰沉湎于酒微子所以告去也式號式謼大雅

沉湎之戒

所以流連也。詩書淫亂之戒，其原皆在于酒。上乃喟然歎曰：吾久不見班生，今日復聞讜言。放等不懌，稍自引起更衣，因罷去。

臣按：班伯曰詩書淫亂之戒，其原皆在于酒，直哉言乎。成帝能嗟嘆之，而不能因其言以自改，卒以沈湎妨政，權移外家，至于覆國，其亦可監也夫。

晉元帝初頗以酒廢事，王導以爲言，帝命酌引觴覆之，於此遂罷。

臣按：元帝之爲君，非能剛果必爲者也，其覆杯

之舉則千聽言改過而略不凝滯此所以粗能
自立于江左歟。

陳後主君臣酣飲自夕達旦以此爲常其後隋師東下不爲深備奏技縱酒賦詩不輟陳國遂亡

隋煬帝至江都荒淫益甚宮中爲百餘房各盛供帳實以美人日令一房爲主帝與蕭后及幸姬歷就宴飲酒巵不離口從姬千餘人亦常醉未幾爲宇文化及所弑

臣按以酒喪邦其禍至陳隋而極故以二君終焉。

以上論沉湎之戒

大學衍義卷之三十二終

戊午八月晦日覽完加朱

[illegible]

大學衍義

三十三之卅七

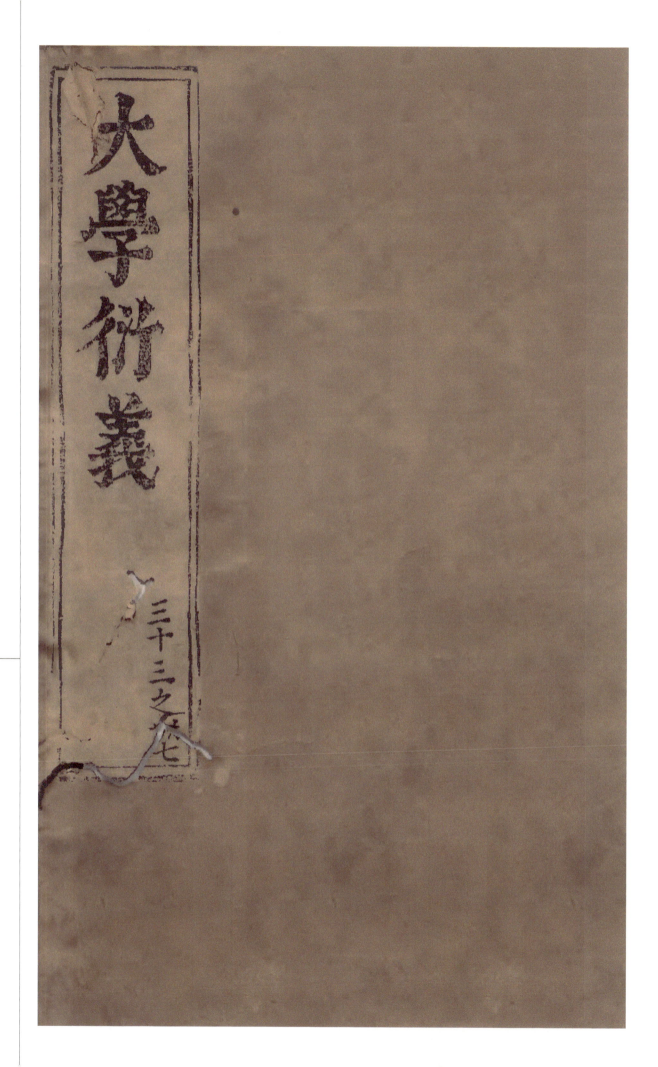

◎

大學衍義卷之三十二

宋　學士　眞德秀　纂輯

明　史官　陳仁錫　評閱

誠意正心之要二

戒逸欲

荒淫之戒

牧誓（武王誓師牧野之辭也）王曰。古人有言曰。牝雞無晨。（牝。雌也。晨。鳴晨也）牝雞之晨。惟家之索。（索。窮也。）今商王受。惟婦言是用。（婦。妲己也）昏棄厥肆祀弗荅。（肆。陳也。荅。報也。）昏棄厥遺王父母弟不

迪。迪。道也 乃惟四方之多罪逋逃是崇是長是信是使是以爲大夫卿士俾暴虐于百姓以姦宄于商邑

臣按列女傳受好酒淫樂不離妲巳所舉者貴之所憎者誅之惟其言是用受之心旣昬于色矣於是神祇當祀者不之祀昆弟當恤者不之恤而惟四方罪戾逋亡之人崇長信使俾之肆毒于民受病之本皆由昬之一字故武王兩言之

詩谷風 邶風篇名 刺夫婦失道也衛人化其上淫於新昬而棄其舊室夫婦離絶國俗傷敗焉 宣姜有寵而莊姜絀是以其民

化之。而谷風之詩作靜女。同上刺時也。衛君無道。夫人無德。
新臺。同上刺衛宣也。納伋之妻。作新臺于河上而要之。
國人惡之而作是詩。
二子乘舟。思伋壽也。衛宣公之二子爭相爲死。國人
傷而思之。
臣按毛氏曰。宣公爲伋取齊女而美。公奪之。生
壽與朔。朔與其母愬伋於公。令伋之齊。使賊先
待於隘而殺之。壽知之以告伋。使去之。伋曰。君
命也。不可以逃。壽竊其節而先往。賊殺之。伋至。
曰。君命殺我。壽有何罪。賊又殺之。

牆有茨。(鄘風篇名)衛人刺其上也。公子頑通乎君母。國人疾之而不可道也。(宣公卒。惠公幼。其庶子頑通於惠公之母。惠公之母。即宣姜也。)

君子偕老。(同上)刺衛夫人也。夫人淫亂。失事君子之道。(夫人。即宣姜也)

桑中。(同上)刺奔也。衛之公室淫亂。男女相奔。至于世族在位。相竊妻妾。期於幽遠。政散民流而不可止。

鶉之奔奔。(同上)刺衛宣姜也。衛人以爲宣姜鶉鵲之不若也。

定之方中。(同上)美衛文公也。衛爲狄所滅。東徙渡河。野處漕邑。齊桓公攘戎狄而封之。

蝃蝀。(同上)止奔也。衛文公能以道化其民。淫奔之恥。國人不齒也。

氓衛風刺時也宣公之時禮義消亡淫風大行男女無別遂相奔誘華落色衰復相棄背

臣按邶鄘衛詩分爲三國其實皆衛也衛宣公奪其子伋之妻而爲夫人於是新臺之刺靜女之刺相繼而作因譖殺子而二子乘舟之詩作夫婦失道國人化之而谷風桑中氓之詩作宣公卒而公子頑上烝于宣姜而牆茨偕老鶉奔之詩又作再世而至懿公卒爲狄人所滅而文公立焉定之方中與蝃蝀之詩所由作也始末

凡十餘詩。而事之次第蓋如此。新臺之一章。曰燕婉之求。籧篨不鮮。二章曰。燕婉之求。得此戚施。籧篨仰而不俯。戚施俯而不仰。皆惡疾之不能爲人者也。燕婉指伋而言。謂其爲人安且順也。齊女之來。本惟燕婉是求。而乃得此惡疾之宣公。宣公本無疾也。以其行之惡。故名之耳。自是伋壽死而國俗敗。子頑象之。上烝君母。衛君父子之行。皆同於夷狄。衛國之俗。亦淪於夷狄。安得夷狄之禍不乘之以作乎。夫夷狄非能滅中國也。以中國自爲夷狄。而後夷狄得以肆焉。

氣類之相感也求之古昔蓋莫不然原宣公之初亦溺於情欲而不能制爾安知其禍若是之烈哉然文公一興以道化民而淫奔之俗隨變信乎一國之事繫一人之本也牆茨一章曰中冓之言不可道也所可道也言之醜也二章曰不可詳也三章曰不可讀也蓋淫荒穢褻汙人牙頰言之且不可況可詳之讀之乎夫言猶不可聖人乃著之於經何也善乎先儒楊時曰自古淫亂之君自謂密於閨門之中世無得而知者故自肆而不反聖人所以著之於經使後世

爲惡者。知雖閨中之言。亦無隱而不彰也。其爲訓戒深矣。故事。國風之詩。經筵不講。先儒胡安國非之。臣今列此於篇者。欲明人君一以淫泆導其民。則變華而狄。一以道化迪其民。則變狄而華。其機猶反掌爾。若陳株林澤陂等詩。皆爲淫昏而作。其禍敗往往略同。不能悉舉也。

晉獻公卜伐驪戎。史蘇占之。曰。勝而不吉。公不聽。遂伐驪戎。克之。獲驪姬以歸。有寵。立以爲夫人。公飲大夫酒。令司正實爵與史蘇。曰。飲而無肴。（肴。俎實也）夫驪戎之役。汝曰勝而不吉。故賞汝以爵。罰汝以無肴。勝國

女戎之禍最烈

得妃。吉孰大焉。史蘇卒爵。再拜稽首曰。兆有之。卦兆臣不敢蔽。蔽，掩蔽也蔽兆之紀。紀，法也失臣之官。有二辠焉。何以事君。大罰將及。不唯無肴。抑君亦樂其吉而備其凶。凶之無有。備之何害。若其有之。備之爲瘳也。瘳，愈臣之不信。國之福也。不信，不中也飲酒出。史蘇告大夫曰。夫有男戎。必有女戎。若晉以男戎勝戎。戎亦必以女戎勝晉。里克曰。何如。史蘇曰。昔夏桀伐有施。有施人以妹喜女焉。以女進人曰女妹喜有寵。於是與伊尹比而亡夏。比，猶合也殷辛伐有蘇。有蘇以妲己女焉。妲己有寵。於是乎與膠鬲比而亡殷。周幽王伐有褒。有褒人以褒姒女焉褒姒有寵生伯服於是乎逐太子宜咎而立伯服太子出奔申申人召西戎以伐周周於是乎亡今晉寡德而安俘女又增其寵雖當三季之王不亦可乎公以驪姬爲夫人生奚齊其娣生卓子史蘇曰亂本生矣亂必自女戎三代皆然驪姬果作難事見前

臣按史蘇曰有男戎必有女戎斯言也古今之至言也然謂妺喜與伊尹比妲己與膠鬲比何邪伊尹相湯伐桀者也妺喜敗桀之德速桀之亡是亦伐之也伊尹伐於外妺喜伐於內故以此言之無妺喜之伐則無伊尹之伐矣妲己之

比膠鬲亦然。嗚呼。人知有邊境之寇。而不知有宮闈之寇。堅甲利兵。獸奔豕突者。邊境之寇也。冶容妖色。狐媚蠱惑者。宮闈之寇也。邊境之寇擾吾於外。膚革之疾也。宮闈之寇賊吾於內。腹心之災也。理膚革之疾易。而去腹心之災難。臣故曰。東蘇之言。古今之至言也。

晉侯疾。求醫於秦。秦伯使醫和視之。曰。疾不可為也。是謂近女室。疾如蠱。蠱。惑也。非鬼非食。惑以喪志。良臣將死。天命不佑。公曰。女不可近乎。曰。節之。陰淫寒疾。陽淫熱疾。女陽物而晦時。淫則生內熱惑蠱之疾。今君不節不時。能無及此乎。出告趙孟。趙孟曰。誰當良臣。對曰。主是謂矣。主相晉國。無亂諸侯無闕。可謂良矣。和聞之。國之大臣。榮其寵祿。有菑禍興。而無改焉必受其咎。今君至於淫以生疾。將不能圖恤社稷。禍孰大焉。主不能禦。禦止也吾是以云。

鄭子產如晉問疾。子產。鄭大夫。名僑叔向問之。叔向。晉大夫子產曰。僑聞之。君子有四時。朝以聽政。晝以訪問。夕以修令。夜以安身。於是節宣其氣。勿使有所壅閉湫底。以露其體。露。猶瘠也茲心不爽。爽。明也而昏亂百度。百度。百爲之法度。今無乃一之。則生疾矣。僑又聞之。內官不及同姓。內官謂嬪御也男女辨姓，禮之大司也。司，主也今君內實有四姬焉。姬，晉姓也其無乃是也乎？若由是二者，弗可爲也。四姬有省猶可也，省，減也無則必生疾也。叔向曰：善哉！肸未之聞也。肸，叔向名

臣按：醫和、子產之論略相表裏。夫陰根於陽，故女爲陽物。人道以夕，故曰晦時，淫則生內熱惑蠱之疾。以其陽物，故生內熱；以其晦時，故生惑蠱。此以陰陽之類言也。要之，心者，一身之本，衆疾之源。淫於色則心爲之荒惑，其能不生疾乎。故子產曰：茲心不爽，而昏亂百度，其論益精切

容君之惡
是亦姦慝

矣然則醫和之責大臣何邪大臣之於君所以
傅之德義而保其身體者也求之於古惟周公
爲能以此自任故無逸之作丁寧告戒無淫于
逸使成王永其天命後世知恤者鮮故以管仲
而不能規六嬖之寵以趙武而不能救四姬之
惑夫二人者非姦非慝徒以昧於大臣之職不
能止君之淫猶不免責況以姦慝之心導君於
淫者其罪可逃誅哉子產之所謂四時何也朝
以聽政晝以訪問所以勞之也夕無所聽修令
而已夜無所訪安身而已所以逸之也動靜有

時勞逸有節疾焉從生觀安身之云則夜氣澄
寂之時尤當自養爲朝聽晝訪之地其可惑溺
無節乎又况可以一之者乎一云者自蚤至夜
惟欲是從也內官不及同姓若是則異姓固無
損與曰此子産特因晉之有是故以規之爾妲
巳褒姒豈同姓邪昔人論色禍者矣子産醫和
所論尤人主所當戒大臣所當任也故併著之
漢成帝趙皇后旣立後寵少衰而弟絕幸爲昭儀居
昭陽舍其中庭彤朱而殿上髹漆切皆銅沓冒黃金
塗（切，門限也，千結反。沓冒，其限也。）白玉階（陛也）壁帶（壁上横木）往往爲黃金釭。音工 函藍田璧明珠翠羽。自後宫未嘗有焉。姊弟專寵十餘年。卒皆無子。掖庭中御幸生子者輒死。又飲藥傷墮者無數。成帝素彊無疾病暴崩。民間歸罪昭儀。皇太后詔雜治昭儀。昭儀自殺。先是有童謡曰。燕燕尾涎涎。音駿美好也 張公子時相見。木門倉琅根。燕飛來啄皇孫。皇孫死燕啄矢。成帝每微行出。常與張放俱。而稱富平侯家。故曰張公子。倉琅根宫門銅鍰也。

臣按。昭儀之始入也。姿質穠粹。見者嗟賞。獨宣帝時披香博士淖方成。此老宫嬪也。爲披香殿博士。 立帝後唾之曰。此禍水也。滅火必矣。漢火德也 其事見司馬光通鑑。示褒姒之亂。史伯謂其生有龍漦之異。檿弧箕服之祥。國語語雖近恠然豔妻孌女。其非天地正氣所生也必矣。禍水之說近是。故併附焉。

唐玄宗貴妃楊氏。始爲壽王妃。壽王瑁。玄宗子也。武惠妃薨。後庭無當帝意者。或言妃姿質天挺。宜充掖庭。遂召納禁中。臣按此即新臺之比也。元宗於是無復人理矣。異之。即爲自出妃意者。丐籍女官。號太真。更爲壽王聘韋昭訓女。而太真得幸。善歌舞。邃曉音律。智筭警頴。迎意輒悟。帝大悅。遂專房宴。宮中號娘子。儀體與皇后等。進册貴妃。三妹皆美劭帝呼爲姨封韓虢秦三國爲夫人出入宮掖恩寵聲焰震天下臺省州縣奉請托奔走期會過詔敕四方獻餉結納門若市然他日妃以譴還第比中昃帝尚不御食笞怒左右高力士知帝旨是夕請召妃還由是愈見寵妃每從游幸乘馬則力士授轡策凡充錦繡官及冶瑑金玉者大抵千人奉須索奇服秘玩變化若神四方爭爲怪珍入貢動駭耳目妃嗜荔枝必欲生致之乃置騎傳送走數千里味未變已至京師每十月帝幸華清宮五宅車騎皆從家別爲隊隊一色俄五家隊合爛若萬花川谷成錦繡國

忠導以劒南旗節遺鈿墮舃瑟瑟璣琲狼籍于道香聞數十里初安祿山有邊功帝寵之詔與諸姨約爲兄弟而祿山母事妃來朝必宴餞結歡妃嘗養祿山爲兒令宮人以綵輿舁之帝聞賜妃洗兒錢祿山在禁中或通夕不出頗有醜聲聞于外帝不禁也及祿山反以誅國忠爲名且指言妃及諸姨罪帝欲以皇太子撫軍禪位諸楊大懼哭于庭國忠入白妃妃銜塊請死帝意沮乃止及西幸至馬嵬陳玄禮等以天下討誅國忠已死軍不解帝遣力士問故曰禍本尚在帝不得已與妃訣引而去縊路祠下裹尸以紫茵瘞道側

史臣歐陽脩曰嗚呼女子之禍於人也甚矣唐自高祖至于中宗再罹女禍（謂武韋二后也）唐祚既絕而復續中宗不免其身韋氏遂以滅族玄宗親平其亂可以爲鑒矣而又敗於女子方其勵精政事開元之際幾至太平何其盛也及侈心一動窮天下之欲不足爲其樂而溺其所甚愛忘其所可戒至於竄身失國而不悔考其始終之異至於如此可不謹哉可不謹哉

胡寅曰天子之尊威制四海而不能庇一婦人何也怨之所集禍之所起也明皇昏於楊妃凡十年

以玉鉷爲色役使併責三十年租庸歳供額外錢帛百億以供宮中宴賜則毒遍天下矣楊國忠以踈族進薦鮮于仲通帥劍南喪師二十萬人大開邊患則毒又深於西南矣五楊請托府縣峻於制勑則毒又遍於畿甸矣貴妃私於祿山以至反叛則毒又甚於兩河矣一人三失怨豈在明猶當圖其所不見者況怨塞宇宙獨以貴妃一家之故夫何猶憚斃其死也自非陳玄禮等勸以速殺則禍必及身矣

臣按後世淫泆之主溺於衽席之愛以召亂者

衆矣。而漢飛燕、唐太真，最其著者焉。傳曰：夫有尤物，足以移人，苟非德義，則必有禍。成帝、明皇當承平富庶之餘，而忘持盈守成之戒，志念所營，惟在聲色，而尤物出焉。妖姿蕩目，狡謀鉥心，二君流連荒縱，自謂窮天下之樂，而不知禍胎亂萌，已伏於閨闥中。故燕啄皇孫，國嗣絶；載舁祿兒，反謀決。曾未幾時，而鼎祚移，戚家兵塵暗宫闕矣。色之爲禍，慘於鏌鋣，而烈於燎原之火，大抵如此，可不戒哉，可不懼哉。

唐莊宗既好俳優，又知音，能度曲，其小字亞子，又別

爲優名以自目曰李天下常身與俳優雜戲于庭伶
人由此用事以至於亡莊宗嘗與羣優戲四顧而呼
曰李天下李天下伶人敬新磨遽前批其頰莊宗失
色羣伶亦大警駭新磨對曰李天下者一人而已尚
誰呼邪於是左右皆笑莊宗大喜賜與新磨甚厚時
諸伶獨新磨尤善俳而不聞其他過惡其敗國亂政
者有景進史彥瓊郭門高爲最是時諸伶出入宮掖
侮弄縉紳羣臣憤嫉莫敢出氣或反相附託以希恩
倖四方藩鎮貨賂公行而景進最居中用事莊宗遣
進等出訪民間事無大小皆以聞每遇奏事殿中左

布皆屏退軍機國政皆與參決莊宗初入洛居唐故宮室而嬪御未備閹官希旨多言宮中夜見鬼物相驚恐莊宗問所以禳之者因曰故唐時後宮萬人今空宮多恠當實以人乃息莊宗欣然其後幸鄴乃遣進等採鄴美女千人以充後宮而進等緣以為姦軍士妻女因而逃逸者數千人郭門高者名從謙門高其優名也雖以優進而嘗有軍功故以為從馬直指揮使從馬直蓋親軍也莊宗後因事戲之謂其教王溫反從謙不自安謀亂莊宗以射踣左右皆奔走五坊人善友聚樂器而焚之傳曰君以此始必以此終

莊宗好伶而弑於門高。焚以樂器。可不戒哉。

臣按。歐陽脩言莊宗百戰滅梁。方其盛也。舉天下豪傑莫能與之爭。及其衰也。千數伶人困之。而身死國亡。爲天下笑。臣謂倡優子女。其同類者也。故以附于女寵之後。爲世戒焉。

以上論荒淫之戒

大學衍義卷之三十四

宋　學士　眞德秀　彙輯
明　史官　陳仁錫　評閱

誠意正心之要二

戒逸欲

盤游之戒

太康尸位，以逸豫滅厥德，黎民咸貳，乃盤游無度，畋于有洛之表，洛，水也。表，外也。十旬弗反。有窮后羿，有窮，國名。后，君也。羿，名。其因名弗忍，距于河。餘已具前。

臣按：太康者，大禹之孫，而禹之功與天地並甫及再世太康以盤游之樂遽至失國天命之靡常而前人之功不可恃蓋如此自是羿專夏政寒浞又殺羿而代之非少康君臣辛苦經營以復有夏之業則禹不祀矣太康逸豫以一朝而失之少康布德兆謀四十餘年而後克復失之之易而復之之難又如此後王可不戒諸

周辛甲之爲太史也（周武王時）命百官官箴王闕（箴戒也闕過也）於虞人之箴曰芒芒禹迹（芒芒廣大也禹迹禹治水所行之迹）畫爲九州（即禹貢九州）經啓九道（九州道路）民有寢廟獸有茂艸各有攸處德用不擾在帝夷羿（即前后羿以篡夏位故曰帝）冒于原獸

獻蔵古切

冒貪也忘其國恤恤憂也而思其麀牡麀牝鹿武不可重重猶數也用不恢于夏家恢大也羿因夏氏之位故曰夏家獸臣司原敢告言不出位

僕夫

臣按此魏絳所以規晉侯也魏絳晉大夫晉侯悼公晉侯好田故絳及之夫民之與獸爲生不同而欲安其居則未始不同也故民安於寢廟而獸安於茂艸先王之世暨鳥獸魚鱉咸若者以其德之不擾也羿則反之不惟國事是恤而惟麀牡是思田獵雖云習武然亦豈可數哉夫羿因太康之逸豫而篡之已又以逸豫爲浞所篡所謂與

亂同事罔不亾也方武王時辛甲以王命俾百官各因其職箴王之闕故虞人之箴如此以羿戒王亦猶禹以丹朱戒舜也靈臺之詩曰王在靈囿麀鹿攸伏王在靈沼於牣魚躍麀之在囿如在山林魚之在沼如在江湖文王之德及于飛潛各安所處此所謂不擾也漢儒作賦鋪陳弋獵之盛至曰風毛雨血灑野蔽天吁物生時時與靈臺之世爲何如耶臣因併著之以爲暴殄不仁者之戒

春秋隱五年春公矢魚于棠左傳公將如棠觀魚者

臧僖伯諫（僖伯公子臧僖謚也）曰凡物不足以講大事（祀戎）其材不足以備器用（材謂皮革之屬器用謂軍國之器）則君不舉焉君將納民於軌物者也故講事以度軌量謂之軌取材以章物采謂之物不軌不物謂之亂政亂政亟行所以敗也（言器用衆物不入法度則為不軌不物亂敗之所起）故春蒐（蒐索擇取不孕者）夏苗（苗為苗除害）秋獮（獮殺也以殺為名順秋氣也）冬狩（狩圍守也冬物畢成獲則取之無所擇也）皆於農隙以講事也三年而治兵入而振旅（雖四時講武猶復三年而大習出曰治兵始治其事入曰振旅治兵禮畢整衆而還也）歸而飲至以數軍實（飲於廟以數車徒器械及所獲也）昭文章（車服旌旗）明貴賤辨等列（等列行伍）順少長（少者在前還則在後所謂順也）習威儀也鳥獸之

天子經略，何略地也

肉不登於俎，（俎，祭廟器）皮革齒牙骨角毛羽不登于器，（謂以飾法度之器）則公不射，古之制也。若夫山林川澤之實，器用之資，皁隸之事，官司之守，非君之所及也。公曰：吾將略地焉。（略，謂巡行也）遂往陳魚而觀之。僖伯稱疾不從。書曰：公矢魚于棠，非禮也。且言遠地也。

胡安國曰：諸侯非王事則不出，非民事則不出。隱公慢棄國政，遠事逸遊，僖伯之忠言不見納，又從而爲之辭，是縱欲而不能自克以禮也。

孟子曰：昔者齊景公問於晏子（晏嬰）曰：吾欲觀于轉附、朝儛，（二山名）遵海而南，放于琅邪。（放，至也。琅邪，邑名）吾何脩而可以比於先王觀也。觀，游也。晏子對曰：善哉問也。天子適諸侯曰巡狩。巡狩者，巡所守也。巡行諸侯所守之土。諸侯朝於天子曰述職。述職者，述所職也。陳其所受之職。無非事者。春省耕而補不足，秋省斂而助不給。夏諺曰：吾王不遊，吾何以休。休，息。吾王不豫，豫，樂也。吾何以助。一遊一豫，爲諸侯度。今也不然，師行而糧食，飢者弗食，勞者弗息。睊睊胥讒，睊睊，側目貌。民乃作慝。慝，惡也。方命虐民，方，逆也。命，王命。飲食若流。如水之流無窮極也。流連荒亡，爲諸侯憂。從流下而忘反謂之流，謂放舟順水而下。從流上而忘反謂之連，謂挽舟逆水而上。從獸無厭謂之荒，田獵也。樂酒無厭謂之亡。以飲

畜以其君之欲溢于思厚要見也太和氣象是地交太絪緼所以樂作

酒爲樂也先王無流連之樂荒亡之行惟君所行也晏子說大戒於國出舍於郊於是始興發補不足發倉廩也召太師曰太師樂官爲我作君臣相說之樂蓋徵招角招是也二者歌之名其詩曰畜君何尤畜止也畜君者好君也好愛

臣按晏子之本志不過爲游觀討爾而晏子乃進之以古誼勸之以省民且深陳流連荒亡之戒可謂格其邪心而引之當道也孟子因宣王好貨好色之問而告以與民同樂亦此意也易之大小畜皆以止爲義凡止君之欲者乃所以

爲愛君也然則縱君之欲者其得爲愛君乎夫忠臣之心惟恐其君之有欲晏子之干景公是也奸臣之心惟恐其君之無欲趙高之于二世李林甫之于明皇是也人主其可以不察

漢文帝時有獻千里馬者詔曰鑾旗在前屬車在後吉行五十里師行三十里朕乘千里之馬獨先安之朕不受獻也其令四方毋來獻當此之時逸游之樂絕奇麗之賂塞鄭衛之倡微矣夫後宮盛色則賢者隱微佞臣用事則爭臣杜口而文帝不行故謚爲孝文廟稱太宗

臣按馬以千里名世之所不常有也使人主小有馳騖之志未有不樂受其獻者穆王荒于入駿幾至失國惟文帝之心湛然淵靜雖世所不常有之物皆不足以動之此所以能郤其獻也厥後武帝以一馬之故至于興師動衆疲弊中國以求之蓋文帝幾於無欲而武帝則多欲矣此得失之所以異與

武帝時司馬相如從上至長楊獵時天子方自好擊熊豕馳逐壄獸相如上疏諫曰臣聞物有同類而殊能者故力稱烏獲（烏獲古之有力者）捷言慶忌（王子慶忌古之捷疾者）

勇期賁育（孟賁夏育古之勇者）臣之愚竊以爲人誠有之獸亦宜然今陛下好陵阻險射猛獸卒然遇逸材之獸犯屬車之淸塵輿不及還轅人不暇施巧雖有烏獲逢蒙之技不得用（逢蒙古之善射者）枯木朽株盡爲難矣是胡越起于轂下而羌夷接軫也豈不殆哉（殆危也）且夫淸道而後行中路而馳猶時有銜橛之變（銜謂馬銜橛謂車鉤心也馬銜或斷鉤車或出則致傾敗以傷人也）況乎涉豐草騁丘墟前有利獸之樂而內無存變之意其爲害也不難矣夫輕萬乘之重不以爲安樂出萬有一危之塗以爲娛臣竊爲陛下不取鄙諺曰家絫千金（絫積也）坐不垂堂（垂堂謂近堂邊）

外。（恐墜墮也。）此言雖小。可以諭大。臣願陛下留意幸察。

臣按相如諫獵之辭。惓惓忠篤。其曰胡越起于轂下。而羌夷接軫云者。尤足以警動人主之聽。故録之。

武帝建元三年。微行始出。北至池陽。西至黃山。（宮名）南獵長揚。東游宜春。（宮名）微行常用飲酎已。（酎，酒新熟，以薦宗廟）八九月中。與侍中常侍武騎及待詔隴西北地良家子能騎射者。期諸殿門。故有期門之號。自此始微行。以夜漏下十刻迺出。常稱平陽侯。旦明入山下馳射鹿豕狐兎。手格熊羆。馳騖禾稼稻秔之地。民皆號呼罵詈相聚會自言鄠杜令令往欲謁平陽侯諸騎欲擊鞭之令大怒使吏呵止獵者數騎見留迺示以乘輿物久之迺得去時夜出夕還後齋五日糧會朝長信宮太后宮也上大驩樂之

臣按自昔人君雖至無道未有微行數出者惟趙武靈王僞爲使者馳入秦觀秦昭王之爲人雖云跌蕩猶有英偉之氣漢武之微行也特以快從禽之樂爾當時丞相御史不能諫爭乃私置更衣爲投宿之所可謂逢君之欲矣自武帝開端於是成帝效之常自稱富平侯家人從近

幸小臣以出谷永諫曰陛下棄萬乘之至貴樂家人之賤事厭高美之尊號好匹夫之卑字崇聚僄輕無義小人以為私客數離深宮之固挺身晨夜與羣小相隨烏集雜會飲醉吏民之家亂服共坐流湎媟嫚溷殽無別典門戶奉宿衞之臣執干戈而守空宮公卿百僚不知陛下所在觀永諫辭則成帝之微行其醜有甚于武帝者淫荒失道漢日以衰其作俑則自武帝始吁可戒哉

王吉為昌邑中尉而王好田獵驅馳國中動作亡節

吉上疏諫曰古者師日行三十里吉行五十里詩云匪風發兮匪車揭兮發發飄風貌揭揭疾驅貌顧瞻周道中心怛兮怛古怛字傷也說曰發發者是非古之風也揭揭者是非古之車也蓋傷之也今大王幸方與縣名曾不半日而馳二百里百姓廢耕桑治道牽馬臣愚以爲民不可數勞也大王不好書術而樂逸游馮式撙銜撙挫也馳騁不止口倦乎叱咤手苦於箠轡身勞乎車輿朝則冒霧露晝則被塵埃夏則爲大暑之所暴炙冬則爲風寒之所匽薄數以耎脆之玉體犯勤勞之煩毒非所以全壽命之宗也又非所以進仁義之隆也夫廣

廈之下。細旃之上。明師居前。勸誦在後。上論唐虞之際。下及殷周之盛。考仁聖之風。習治國之道。訢訢焉發憤忘食。日新厥德。其樂豈直銜橛之間哉。銜，馬銜也。橛，車鉤心也。休則俛仰詘信音伸以利形。進退步趨以實下。吸新吐故以練藏。藏謂五藏。專意積精以適神。於以養生。豈不長哉。大王誠留意如此。則心有堯舜之志。體有喬松之壽。子喬、赤松。古長年者。福祿其臻。而社稷安矣。王賀雖不遵道。然猶知敬禮吉。乃下令賜牛酒。其後復放從音縱自若。

臣按王吉可謂愛君之篤矣。其論田獵驅馳之

害。學問優游之適，言言切至，使甚愚者聽之，猶知感悟，故雖王賀之狂，不以爲忤，且賞之也。夫物欲之樂有限，而理義之悦無窮。從禽雖可喜，然車馳馬驟，顛跌頓撼，四體俱疲，觸風日，犯霧露，懍乎有性命之憂，孰若從容帷幄，儒紳環侍，講論道義，涵泳經術，日與聖賢爲徒，足以開廣聰明，安固氣體，其爲可樂，詎有極耶。惜王賀以不移之愚，雖加賞賚，旋復放縱，入繼大統，尋不克終，然吉之言既可爲人君進德之助，又可以爲養生之法，故著于篇。惟

聖明詳味焉

以上論盤游之戒

戒逸欲

奢侈之戒

伊尹作太甲曰慎乃儉德惟懷永圖永長也圖謀也

臣按此太甲不惠于阿衡之時也故伊尹訓之者如此夫儉則心小而爲慮者遠侈則心大而爲謀者疎方是時太甲方以欲敗度縱敗禮心爲二者所蔽若浮雲之翳日月未知斯言之爲忠也一旦處仁遷義而本心復明然後知受病

之源端在於此克終之美光照簡冊伊尹訓戒之功夫豈小哉。

子曰禹吾無間然矣菲飲食而致孝乎鬼神惡衣服而致美乎黻冕卑宮室而盡力乎溝洫禹吾無間然矣無間然謂無所非間也

臣按大禹於奉巳也薄而於孝祖宗敬天地拯生民則皆致其厚此大舜所以稱其勤邦儉家而孔子亦謂之無間然也夫飲食衣服宮室此人心也致孝致敬勤民者道心也二者常相消長禹之心以道爲主故人心退聽所欲不存其

後文王亦以卑服卽康功田功。聖人用心大抵若此。茲非後王所當法與

春秋莊二十有八年。冬。築郿。大無麥禾。二十九年。春。新延廐。

胡安國曰。言新者。有故也。何以書。昔韓昭侯作高門。屈宜臼曰。不時。所謂時者。非時日也。人固有利不利時。前年秦拔宜陽。今年旱。君不以此時恤民之隱。而顧益奢。所謂時詘舉贏者也。詘謂力不足贏謂力有餘以不足之時作有餘之事故曰云云故穀梁氏曰。古之君人者。必時視民之所勤。民勤於力。則功築罕。民勤於財。則貢

賦少民勤于食則百事廢冬築郿大無麥禾春新延廄以其用民力爲已悉矣

三十一年春築臺于郎

胡安國曰何以書厲民也天子有靈臺以候天地諸侯有時臺以候四時去國築臺于遠而不緣占候是爲游觀之所厲民以自樂也厲民自樂而不與民同樂則民欲與之偕亡雖有臺豈能獨樂哉

臣按春秋重民力謹土功故新一廄築一臺必書之以示人君不可縱欲以病民也臣姑舉二事著于篇它不悉錄云

昭八年。有石言于晉魏榆。地名 晉侯問於師曠。晉大夫 曰。石何故言。對曰。石不能言。或馮焉。不然。民聽濫也。抑臣又聞之曰。作事不時。怨讟動乎民。則有非言之物而言。今宮室崇侈。民力彫盡。怨讟竝作。莫保其性。石言不亦宜乎。於是晉侯方築虒祁之宮。虒祁地名 叔向。晉大夫 曰。子野之言君子哉。子野師曠 君子之言。信而有徵。

十三年。晉成虒祁。諸侯朝而歸者皆有貳心。

臣按。晉平公伯主也。侈一宮室。而上天爲之示異。諸侯爲之離心。故曰儉德之共也。侈惡之大也。可不戒夫。

楚靈王爲章華之臺章華地名與伍舉登焉曰臺美矣夫對曰臣聞國君服寵以爲美安民以爲樂聽德以爲聰致遠以爲明不聞其以土木之崇高形鏤爲美而以金石匏竹之昌大囂庶爲樂不聞其以觀大視侈淫色爲明而以察清濁爲聰也夫君國者將民之與處民實瘠矣君安得肥且夫私欲弘侈則德義鮮少德義不行則邇者騷離而遠者距違夫爲臺榭將以教民利也不知其以匱之也若君之此臺美而爲之正楚其殆矣

臣按伍舉之對言皆近理而所謂私欲弘侈則

德義鮮少者，尤古今之名論也。夫私欲者，人心之發，而德義者，道心之正。二者常相水火焉。水勝則火滅，欲勝則理微。靈王惟其溺於私欲也，是以德義之存者幾希。及其敗也，仲尼聞之曰：若古有志，克己復禮，仁也。楚靈王而能自克，豈其辱於乾溪。靈王敗死于此。嗚呼，此非後王之炯監與。

秦始皇以為咸陽人多，先王之宮庭小，吾聞周文王都豐，武王都鎬，豐鎬之間，帝王之都也。乃營作朝宮渭南上林苑中。先作前殿阿房，東西五百步，南北五十丈，上可以坐萬人，下可以建五丈旗，周馳為閣道，自殿下直抵南山表南山之顛以爲闕爲複道自阿房渡渭屬之咸陽以象天極閣道絕漢抵營室也阿房宮未成欲更擇令名名之作宮阿房故天下謂之阿房宮。

漢文帝時賈山言治亂之事曰秦起咸陽而西至雍離宮二百鍾鼓帷帳不移而具又爲阿房之殿殿高數十仞東西五里南北千步從車羅騎四馬鶩馳旌旗不撓爲宮室之麗至于此使其後世曾不得聚廬而託處焉後世謂秦之子孫爲馳道于天下東窮燕齊南極吳楚江湖之上瀕海之觀畢至道廣五十步三丈而

樹。厚築其外。隱以金椎。樹以青松。爲馳道之麗至于此。使其後世曾不得邪徑而託足焉。秦以熊羆之力。虎狼之心。蠶食諸侯。并吞海內。而不篤禮義。故天殃加焉。

臣按阿房之侈。自開闢以來未之有也。賈山之言。既足爲來世戒。而唐人杜牧又爲之賦曰。明星熒熒。開妝鏡也。綠雲擾擾。梳曉鬟也。渭流漲膩。棄脂水也。烟斜霧橫。焚椒蘭也。雷霆乍驚。宮車過也。轆轆遠聽。杳不知其所之也。又曰。鼎鐺玉石。金塊珠礫。棄擲邐迤。秦人視之。亦不甚惜。

嗟乎。一人之心。千萬人之心也。秦愛紛奢。人亦念其家。奈何取之盡錙銖。用之如泥沙。又曰。使天下之人。不敢言而敢怒。獨夫之心。日益驕固。戍卒叫。函谷舉。楚人一炬。可憐焦土。謂項羽焚咸陽。火三月不滅也 詞人之賦。不無浮夸。然其窮奢極侈之狀。播諸賦詠。深宮閒燕。使人歌之。以代吹竹彈絲之樂。亦足以戒。故以次于賈山之後。

漢文帝即位二十三年。宮室苑囿車騎服御無所增益。有不便。輒弛以利民。嘗欲作露臺。召匠計之直百金。上曰。百金。中人十家之產。吾奉先帝宮室。常恐羞

之何以臺爲身衣弋綈所幸愼夫人衣不曳地帷帳無文繡示敦朴爲天下先

臣按文帝斯言有二善焉曰百金中人十家之產念細民爲生之艱也曰吾奉先帝宮室常恐羞之念祖宗創業之艱也人主常存此心雖勸之奢侈亦不爲矣凡繼世之君多恣耳目之娛者正以不知錙銖財用莫非生民膏血而已之所處皆先世積累之餘功故也臣故曰文帝斯言有二善焉可以爲後世法矣

漢武帝時天下侈靡趨末上問吾欲化民豈有道哉

東方朔對曰堯舜禹湯文武成康上古之事經歷數千載尚難言也臣不敢陳願近述孝文皇帝之時當世耆老皆聞見之貴爲天子富有四海身衣弋綈足履革舄以韋帶劒莞蒲爲席兵木無刃衣縕無文集上書囊以爲殿帷以道德爲麗以仁義爲準於是天下望風成俗昭然化之今陛下以城中爲小圖起建章左鳳闕右神明號稱千門萬戶土木衣綺繡狗馬被繢罽宮人簪玳瑁垂珠璣設戲車教馳逐飾文采叢珍怪撞萬石之鍾擊雷霆之鼓作俳優舞鄭女上爲淫侈如此而欲使民獨不奢侈失農事之難者也

陛下誠能用臣事之計，惟甲乙之帳燔之於四通之衢，却走馬示不復用，則堯舜之隆宜可與比治矣。

臣按：東方朔可謂知化民之本矣。文帝之儉如彼，風俗安得而不厚；武帝之侈如此，風俗安得而不薄。誠能聽朔之言，去奢從儉，而民不嚮風者，未之聞也。朔雖平時詼笑不根，若其近述孝文時事，則愛君之至情，言治之確論，而武帝一不之聽，卒以奢靡敝其國，惜哉！

揚雄曰：逮至聖文，垂意至寧，躬服節儉，綈衣不敝，革鞜不穿，（言不穿敝而已，無所紛華也。）大夏不居，木器無文。於是後宫賤璹瑁而踈珠璣，卻翡翠之飾，除彫瑑之巧，惡麗靡而不近，斥芬芸而不御，抑止絲竹晏衍之樂，衍，亦戰反。憎聞鄭衛幼眇之聲。幼，一笑反。眇音妙。是以玉衡正而太階平也。玉衡，北斗杓星也。太階，三台也。

臣按：人主一修儉德，則玉衡正而太階平，格天之功若是其速。然則崇侈縱欲者，其獲辠于天也必矣，可不懼哉。

隋煬帝築西苑，周二百里，其内爲海，周十餘里，爲方丈、蓬萊、瀛洲諸山，高出水百餘尺，臺觀宫殿羅絡山上，向背如神，海北有龍鱗渠，縈紆注海内，緣渠作十六院門皆臨渠每院以四品夫人主之堂殿樓觀窮極華麗宮樹秋冬彫落則剪綵爲華葉綴于枝條色渝則易以新者常如陽春沼内亦剪綵爲荷芰菱芡乘輿遊幸則去氷而布之十六院競以殽羞精麗相高求市恩寵上好以月夜從宮女數千騎遊西苑作清夜遊曲於馬上奏之

臣按武王之數紂曰暴殄天物蓋凡物皆天産也暴而殄之則獲罪于天矣漢武以土木被文繡議者已深譏之況于苑囿之廣卉木之多以人爲而奪造化不知歲之所耗者幾百千萬匹

而虛杼軸之力者幾百千萬工。雨淋日炙，不能旬月而又易之矣。當是時，天民之窮而衣不蔽體者，何可勝數，而煬帝乃以有用之繒帛委之溝壑草莽中。一不之惜，暴殄甚矣。上帝安得而不震怒？民安得而不離畔乎？其致江都之禍宜也。

唐太宗貞觀初，謂公卿曰：昔禹鑿山治水而民無謗讟者，與人同利故也。秦始皇營宮室而民怨叛者，病人以利己也。夫靡麗珍奇，固人之所欲，若縱之不已則危亡立至。朕欲營一殿，材用已具，鑒秦而止。王公

已下宜體朕此意也由是二十年間風俗素朴衣無錦繡公私富洽

四年。發卒修洛陽宫以備巡幸。給事中張玄素上書諫曰。臣見隋初營宫室。近山無大木。皆致之遠方。數百人曳一柱。以木爲輪。則戛摩火出。乃鑄鐵爲轂。行一二里鐵轂輒破。别使數百人齎鐵轂隨而易之。盡日不過行二三十里。計一柱之費已數十萬工。餘可知矣。陛下初平洛陽。凡隋氏宫室之宏侈者皆令毁之。曾未十年。復加營繕。何前日惡之而今日效之也。且以今日財力何如隋世。陛下役瘡痍之人習亡隋

方是直諫

方是受諫

之弊。恐又甚於煬帝矣。上曰。卿謂我不如煬帝。何如桀紂。對曰。若此役不息。亦同歸于亂。上曰。吾思之不熟。乃至於此。卽爲之罷役。賜玄素綵二百匹。

臣按。太宗鑒隋之侈。故一殿之營爲費無幾。而亟已之。然未及數年。遽有洛宫之役。由儉入奢。其易若此。此張玄素之所以諫也。惟其喜聞忠言。不諱已過。雖比之於隋煬。斥之以桀紂。曾不少忤。而亟從之。此其所以致貞觀之治也。

唐玄宗開元二年。上以風俗奢靡。制乘輿服御金銀器玩。令有司銷毁。以供軍國之用。其珠玉錦繡焚於

殿前后妃以下毋得服珠玉錦繡

司馬光曰明皇之始欲爲治能自刻厲節儉如此晩節猶以奢敗甚哉奢靡之易以溺人也詩曰靡不有初鮮克有終可不戒哉

臣按人主以實心爲善則人自孚以實德示民則人自化明皇之焚珠玉錦繡也未必中心之實然而近名之意則有不可揜者故曾未三年已遣御史訪珍異於南方矣四年有胡人上言海內多珠翠奇寶可往營致上命御史楊範臣往求之範臣奏曰前年焚珠玉錦繡示不復用今所求者何以異於所焚者乎上遽引咎罷之使其眞有崇儉去奢之志而以

樸素爲天下先。如漢文帝之不言躬行。何患敝俗之不革。惟其出於矯枉。恐于人知而忠信誠慤有所不足。是以本心之侈。旋即發露。不待在位之久而後形也。然則人君之爲奢。其可不以實心。其示人也。其可不以實德。

以上論奢侈之戒。臣按沉湎而下至于奢侈。皆所謂逸欲也。臣既備論之。然先儒有言欲者不必沉湎。意有所向。即爲欲矣。葢意之所向。不知自反。即沉溺之漸也。程顥告

繇此觀之惟大人爲能格君心之非君心身格非自止也

神宗皇帝曰人主當防未萌之欲顯之言眞格心之要惟
聖明深味之

大學衍義卷之三十四終

大學衍義卷之三十五

宋　學士　真德秀　彙輯

明　史官　陳仁錫　評閱

脩身之要

謹言行

易大傳子曰君子居其室出其言善則千里之外應之況其邇者乎居其室出其言不善則千里之外違之況其邇者乎言出乎身加乎民行發乎邇見乎遠言行君子之樞機（樞門樞機弩牙）樞機之發榮辱之主也言行君子之所以動天地也可不慎乎

臣按孔子因中孚鳴鶴之爻而發明感應之理謂人君雖處宮庭而其言不可以不謹又推而廣之言行皆不可以不謹蓋鶴鳴子和由氣之相感上倡下應亦理之自然故言之善否出于一室之間而人之從違見于千里之外一言之出則爲號令而百姓被之一行之著則爲儀表而四方見之身之有言行猶戶有樞弩有機啓閉張弛由此而出言行之發榮辱隨之其取喻也明矣猶懼人之易忽也則又曰言行君子之所以動天地也蓋天地之大不可測識然一言

一行之善感格之效捷于影響其可不謹乎或
謂居室出言人誰聞之千里之外何由應之吁
驪姬夜半之泣書之國語飛燕憤恚之辭筆之
班書明皇妃子比翼連理之誓見之詩歌皆深
宮無人私語密約無不暴白于天下後世者此
所以爲微之顯誠之不可揜與爲人主者其深
戒之

抑衛武公所作之詩名之五章曰愼爾出話敬爾威儀無不柔
嘉白圭之玷也玷缺尚可磨也斯言之玷不可爲也六
章曰無易由言也易輕無曰苟矣莫捫朕舌也捫持言不

可逝矣。逝，往也。

臣按：此衛武公自警之詩。曰爾者，皆自斥之辭。話言之謹，威儀之敬，皆人主脩身之至要。柔者欲其順，而非巧言以爲柔也；嘉者欲其善，而非令色以爲嘉也。白圭至寶，苟有玷缺，尚可磨而平之；斯言之出，一有玷缺，則不可復爲矣。言之不可不謹也如是，故又曰無易由言，欲其不輕易也；無曰苟矣，欲其不苟且也。言出于口，誰能持吾之舌者？既形之言，則不可追之于往。此武公所以嚴于自飭也。南容三復白圭，孔子稱之。

又嘗告其門人曰。駟不及舌。嗚呼。可不戒與。

子曰。君子欲訥於言而敏於行。

臣按言欲其謹於出。故曰訥。行欲其勇於爲。故曰敏。

子貢問君子。子曰。先行其言而後從之。

臣按行先於言。則其言有實。未行先言。則其言難踐。故聖人戒之。

子曰。君子耻其言而過其行。

臣按言欲其不浮於行。而欲其有餘於言。此雖戒學者之辭。然自人君言之。則漢之文帝退然淵默而寛仁恭儉之德爲三代以後賢主之冠行勝其言也武帝雄辨駿發見于制詔者燁然可觀然以多欲之故卒不能施仁義是言浮于行也後之人主宜知所法戒云

子張問行子曰言忠信行篤敬雖蠻貊之邦行矣言不忠信行不篤敬雖州里行乎哉立則見其參於前也在輿則見其倚于衡也夫然後行子張書諸紳

臣按子張問行者欲行其道於天下也孔子則曰言苟忠信行苟篤敬雖蠻貊可以行如言不忠信行不篤敬雖州里亦不可行忠信合而言

之卽誠也篤敬者誠於敬也蓋地無遠近同此一理人無夷夏同此一心未有誠敬而人不心服者也未有不誠不敬而能使人心服者也故言之與行必誠必敬無一念之舍無一息之違立則見其參列於前在車則見其依倚於衡涵養操存之熟心與理一故其形見如此若是將何往而不行子張欲行之天下而孔子敎以反之一身是雖爲學者言然人君之道亦不外乎此古昔帝王能使四夷咸賓者其誠敬有以感之也後世人君道不行於妻子者以其不誠不

敬故也。聖人之言。上下俱通。大抵若此。豈獨學者所宜書紳佩服之哉。

玉藻。禮記篇名天子動則左史書之。言則右史書之。

臣按古道建官。皆所以約飭人君之身。使之心正意誠。而無言動之失也。故一動則左史書之。一言則右史書之。事爲春秋。言爲尚書。其來尚矣。今郎舍人之設。乃其遺制。又許直前論奏。以正救于未形之先。制雖不盡古。而意則猶古也。必擇其人。以舉厥職。使於人主言動。無不得書。則庶乎其有儆矣。

表記子曰君子道人以言而禁人以行禁猶謹也故言必慮其所終而行必稽其所敝則民慎於言而慎於行

臣按道人以言者謂以言辭命令開導而誘掖之也然言可以導人之善而不能禁人之不善其必以行乎蓋天下之理有諸己而後可責諸人無諸己而後可以非諸人己無不善之行雖不禁人人自從之己有不善之行雖欲禁人人必違之故空言不可以禁人惟實行乃足以禁人也夫言出於口至易也然不慮其所終則一言之過貽患將不勝救行出于身亦至易也然

不稽其所敝則一行之差流禍或至於無窮不善者固不足言善矣而慮之不深稽之不遠未有不反而為不善者也老莊非非善言乎其終為浮虛之害夷齊非善行乎其弊有隘不恭之失況尊居人上言行所關安危自出故必謹之審之而不敢苟則民亦從其化而不苟於言行矣慮終稽弊之言尤人主所宜知故錄焉

漢董仲舒告武帝曰言出於己不可塞也行發於身不可掩也言行治之大者君子之所以動天地也故盡小者大慎微者著全文見帝王之學

臣按爲善之道。未有不自細微始。其不善。亦未有不自細微積。故舜禹君臣。一則曰幾。二則曰幾。後世人主或昧乎此。是以滔天之禍。或濫觴於片言。絫世之患。或推輪於跬音犬蘂反半步也步可不戒哉

以上論謹言行

正威儀

成王命召公畢公相康王。曰。思夫人自亂于威儀。爾無以釗冒貢于非幾。釗康王名。冒妄也。貢進也。非是非之非。幾微也。

臣按吕祖謙曰。斯言也。蓋成王平日至親至切

之學至是始發其祕也周公精微之傳成王得之將終乃以示羣臣孔子精微之傳曾子得之將終乃以示孟敬子皆近在于威儀容貌顏色辭色之間然則周孔豈惟同道其用功之次第品目亦莫不同也人受天地之中以生是以有動作威儀之則蓋莫非天命也躁輕縱緩自踰其則特人自亂之耳天秩何嘗亂哉曰思夫人自亂其威儀遡其語意之深長可見其觀之遠也威儀失則豈惟形于事見于行然後當戒一俯一仰毫釐之闕即非天命巳有進于非之幾

矣曰爾無以劒冒貢于非幾味其告語之嚴密可見其精微之察也用力于聖學者其可不從事斯語乎臣謂威儀者內心之表也內心正則威儀之形於外者亦正此善之幾也內心不正則威儀之形於外者亦不正此惡之幾也非之幾猶言惡之幾也祖謙以爲告語之嚴密豈不然哉

抑之首章曰抑抑威儀惟德之隅抑抑密也隅角也二章曰敬愼威儀維民之則則法也五章曰敬爾威儀無不柔嘉柔安也嘉善也八章曰淑愼爾止止容止也不愆于儀愆過也不僭

不賊（僭差也賊者凶暴之謂）鮮不爲則九章曰溫溫恭人維德之基

臣按此衛武公自警之詩也十有二章之中言及威儀者凡五六抑抑云者容而又容也觀威儀之嚴密則可知其德之嚴密猶見隅角之方正可知其宮庭之方正也有諸中必形於外其可揜也哉民視儀而動聽倡而應者也上能敬慎其威儀則可以爲民之法矣上能淑慎其容止不愆于儀形無僭差無暴亂則民鮮不以爲法矣溫者和易之意築室者以基爲固脩身者

以敬爲先故此溫溫恭謹之人有立德之基也
首章曰德之隅此章曰德之基熟味其辭武公
作聖之功於是焉在其可忽哉
衛侯在楚北宫文子衛大夫見令尹圍楚公子圍之威儀言
於衛侯曰令尹其將不免詩云敬慎威儀維民之則
令尹無威儀民無則焉民所不則以在民上不可以
終公曰善哉何謂威儀對曰有威而可畏謂之威有
儀而可象謂之儀君有君之威儀其臣畏而愛之則
而象之故能有其國家令聞長世臣有臣之威儀其
下畏而愛之則而象之故能守其官職保族宜家順

是以下皆如是是以上下能相固也衛詩曰威儀棣棣富而閑習貌言君臣上下父子兄弟内外大小皆有威儀也周詩曰朋友攸攝攝以威儀言朋友之道必相教訓以威儀也故君子在位可畏施舍可愛進退可度周旋可則容止可觀作事可法德行可象聲氣可樂動作有文言語有章以臨其下謂之有威儀也

臣按自古之論威儀未有若北宫文子之備者有威而可畏之謂威威非徒事嚴猛而已正衣冠尊瞻視儼然人望而畏之夫是之謂威儀非徒事容飾而已動容周旋莫不中禮夫是之謂

儀然君有君之威儀臣有臣之威儀梁襄王君也望之而不似君非君之威儀也令尹圍臣也見之而似君非臣之威儀也當是時令尹圍專楚國之政有篡奪之心焉故形諸威儀必有僭偪于上者故北宮文子知其不終也未幾以篡得國果不能終當春秋之世聖學之傳未泯名卿大夫率以威儀觀人晉侯受玉惰（惠公）內史過曰不敬則禮不行禮不行則上下昏何以長世而晉侯果失國成子受脤（音蜃祭肉也）於社不敬（肅公）劉康公曰成子惰棄其命矣而成子果卒于行

蓋威儀者。德之表也。德有敬嫚。形諸外者亦然。故君子因其外以覘（音癡廉反）其中。見其容止而知其福禍也。自在位有威以下凡十言。所謂動容周旋中禮者。非盛德積于中。安能有此。爲人君者。其亦勉諸

劉康公曰。民受天地之中以生。是以有動作禮義威儀之則。以定命也。能者養之以福。不能者敗以取禍。

臣按人之動作威儀。非可以强爲也。天地有自然之中。而人得之以生。故動作有動作之則。禮義有禮義之則。威儀有威儀之則。皆天命一定

而不可違者也。能循其則者。順天地之命者也。故曰。養之以福。不能循其則者。逆天地之命者也。故曰。敗以取禍。然所謂能與不能者。豈有他哉。亦曰敬與不敬而已矣。

曾子曰。君子所貴乎道者三。動容貌。斯遠暴慢矣。暴慢謂容貌之麤暴慢易也。正顏色。斯近信矣。信實也出辭氣。斯遠鄙倍矣。鄙倍。謂辭氣之鄙俗悖戾也籩豆之事。則有司存。

臣按。此曾子垂沒之言也。道無精粗之間。然君子必以躬行為本。故所貴者三。動容貌。斯遠暴慢者。持敬之有素也。正顏色。斯近信者。存誠之有素也。出辭氣。斯遠鄙倍者。涵養之有素也。此曾子平生積學之效。故於此以告孟敬子焉。三者脩身之要。爲政之本。君子之所當貴。若籩豆禮文之事。則有司存。此教人省躬務本之意也。

玉藻。足容重。（舉欲遲）手容恭。（高且正）目容端。（不睇視）口容止。（不妄動）聲容靜。（不噦咳）頭容直。（不傾顧）氣容肅。（似不息）立容德。（似有所得）

朱熹曰。自足容重以下。皆敬之目也。

漢成帝即位。丞相匡衡上書曰。聖主之自爲動容周旋。奉天承親。臨朝享臣。物有節文。以章人倫。蓋欽翼祗栗事天之容也。溫恭敬遜。承親之禮也。正躬嚴恪。臨衆之儀也。嘉惠和說。饗下之顏也。舉錯動作。物遵其儀。故形爲仁義。動爲法則。諸侯正月朝覲天子。天子惟道德。昭穆穆以示之。昭明也。穆穆者。天子之容。又觀以禮樂饗醴迺歸。故萬國莫不獲賜祉福。蒙化而成俗。今正月初幸露寢。臨朝賀。置酒以饗萬方。傳曰。君子謹始。願陛下留意動靜之節。使羣下得望盛德休光。以立基楨。天下幸甚。上敬納其言。

臣按。匡衡之所以告成帝者善矣。帝亦臨朝淵默。尊嚴若神。史氏稱其有穆穆天子之容。然湛

亦于酒色不知主敬以立其本則所謂威儀者徒矯飾於外而已非所謂動容周旋中禮盛德之至也然衍之言實天下之名言也故錄焉

大學衍義卷之三十五終

大學衍義卷之三十六

宋 學士 真德秀 彙輯
明 史官 陳仁錫 評閱

齊家之要一

重妃匹

謹選立之道

關雎。詩三百篇之首。后妃之德也。○○○關關雎鳩。關關。和聲。雎鳩。王鳩。摯而有別之禽。○在河之洲。洲。水中可居處。窈窕淑女。窈窕。幽閑之意。淑。善也。君子好逑。好。亦善也。逑。匹也。參差荇菜。參差。長短不齊之貌。荇。接余也。左右流之。左右。言無方也。流。順水之流而取之也。窈窕淑女。寤寐求之。求之不得。寤寐思服。服，猶懷也。悠哉悠哉。悠，長也。輾轉反側。皆卧不安之意。參差荇菜，左右采之。采，取而擇之也。窈窕淑女，琴瑟友之。參差荇菜，左右芼之。芼，熟而薦之也。窈窕淑女，鐘鼓樂之。

漢匡衡曰：妃匹之際，生民之始，萬福之原。婚姻之禮正，然後品物遂而天命全。孔子論詩以關雎爲始，言太上者民之父母，太上，謂人君也。后夫人之行不侔乎天地，則無以奉神靈之統而理萬物之宜。故詩曰：窈窕淑女，君子好逑。言能致其正淑，不貳其操，情欲之感無介於容儀，宴私之意不移於動靜，夫然後可以配至尊而爲宗廟主。此綱紀之首，王教之端也。自上世以來。三代興廢。未有不由此者也。

班固曰。易基乾坤。詩首關雎。夫婦之際。人道之大端也。

詩大序曰。周南召南。正始之道。王化之基。是以關雎樂得淑女以配君子。

朱熹曰。周之文王。生有聖德。又得聖女姒氏以爲之配。宮中之人。於其始至。見其有幽閑正靜之德。故作是詩。言彼關關然之雎鳩。則相與和鳴於河洲之上矣。此窈窕之淑女。則豈非君子之善匹乎。言其相與和樂而恭敬。亦若雎鳩之情摯而有別。

也。二章本其未得而言。彼參差荇菜。則當左右無方以流之矣。此窈窕之淑女。則當寤寐不忘以求之矣。蓋此人此德。世不常有。求之不得。則無以配君子而成其內治之美。故其憂思之深。不能自已至於如此也。末章據今始得而言。彼參差之荇菜既得之則當采擇而亨芼之矣。此窈窕之淑女。既得之則當親愛而娛樂之矣。蓋此人此德。世不常有。幸而得之。則有以配君子而成內治。故其喜樂尊奉之意。又如此云。

呂祖謙曰。后妃之德。坤德也。關關雎鳩。在河之洲。

此所謂情性之正也

擬諸形容者也。窈窕淑女。君子好逑。咏歎其貞王者之良匹也。唯天下之至靜。爲能配天下之至健也。萬化之原。一本諸此。未得之也。如之何而勿憂。既得之矣。如之何而勿樂也。悠哉悠哉。輾轉反側。憂之不過其則也。琴瑟友之。鐘鼓樂之。樂之不過其則也。所謂樂而不淫。哀而不傷者也。友。亦樂也。鐘鼓有時而奏。琴瑟無時而不在側。若朋友然。故曰友。

臣按關雎之義。諸儒盡之。唯

聖明參玩焉。則所謂正始之道。王化之基者。灼然無疑矣。

大明之二章。曰。摯仲氏任。摯。國名。仲。中女也。任。摯國姓。自彼殷商。來嫁于周。曰嬪于京。摯。殷之諸侯。故言自殷來嫁于周。京。周之都邑也。乃及王季。維德之行。大任有身。身。孕也。生此文王。四章曰。天監在下。有命既集。文王初載。天作之合。在洽之陽。在渭之涘。洽。水之陽。渭。水之涘。莘國所在。大姒。莘女也。五章曰。大邦有子。俔天之妹。俔。譬也。文定厥祥。文。禮也。祥。吉也。親迎于渭。造舟爲梁。不顯其光。不顯。顯也。六章曰。有命自天。命此文王。于周于京。纘女維莘。纘。繼也。繼大任之事也。長子維行。長子。長女也。行。嫁也。篤生武王。保右命爾。爕伐大商。爕。和也。順也。

臣按此詩言周家世有賢聖之君。德合乎天。天予以賢聖之配。生聖子而成伐功也。始則大任由摯國而來配王季。相與修德。於是乎生文王。繼則大姒由莘國而來配文王。相與修德。於是乎生武王。其曰天監在下。有命既集。文王初載天作之合者。天監于下。命既集于周矣。故於文王之初年而默定其配也。俔天之妹者。大姒之德可以繼天也。文定厥祥。親迎于渭。造舟爲梁。不顯其光者。卜而得吉。則行聘禮以定之。既聘矣。則又親迎以成之。舟梁之制。於是乎始。其禮盛故其光顯也有命自天生此文王于周于京纘女維莘長子維行者有文王以與周室有莘女以繼大任天實命之非人能爲也篤生武王保右命爾爕伐大商者厚周家而生武王順天命而伐大商天實右之亦非人能爲也原周之成伐功者以其有聖子原周之生聖子者以其有聖后而聖后之生又以王季文王修德格天之故則周家之興豈偶然哉

思齊大雅篇名文王所以聖也其一章曰思齊大任思語辭齊莊敬也文王之母思媚周姜大姜大王之妃媚順也京室之婦大

姒嗣徽音，徽，美也。則百斯男。

朱熹曰：此詩歌文王之德，而推本之曰：此莊敬之大任，乃文王之母，實能媚于周姜，而稱其爲周室之婦。至于大姒，又能繼大任美德之音，而子孫衆多。上有聖母，所以成之者遠；內有賢妃，所以助之者深。

漢顯宗明德馬皇后，伏波將軍援之女，年十三入太子宮，奉承陰后，陰后，光武后也。傍接同列，禮則修補，上下安之。顯宗即位，以爲貴人。時后前母姊子賈氏亦以選入，生肅宗。帝以后無子，但患愛養不至耳。后於是盡心撫育勞瘁過於所生肅宗孝性淳篤恩性天至母子慈愛始終無纖芥之間后常以皇嗣未廣每懷憂歎薦達左右若恐不及後宮有進見者每加慰納若數所寵引輒增隆遇永平三年春有司奏立長秋宮（長秋后宮名也）帝未有所言皇太后曰馬貴人德冠後宮即其人也遂立爲皇后既正宮闈愈自謙肅能誦易好讀春秋楚辭尤善周官董仲舒書常衣大練裙不加緣帝嘗幸苑囿離宮后輒以風邪露霧爲戒辭意款備多見詳擇時楚獄連年不斷囚相證引坐繫者甚衆后慮其多濫乘閒言及惻然帝感悟之夜起彷徨

爲思所納卒多有所降宥時諸將奏事及公卿較議難平者帝數以試后后輒分解趣理各得其情每於侍執之際輒言及政事多所毗補而未嘗以家私干欲寵敬日隆始終無衰及肅宗即位尊后曰皇太后自撰顯宗起居注削去兄防參醫藥事（馬防后之兄也嘗侍顯宗疾）帝請曰黄門舅旦夕供養且一年既無褒異又不錄勤勞無乃過乎太后曰吾不欲令後世聞先帝數親後宮之家故不著也建初元年欲封爵諸舅太后不聽明年夏大旱言事者以爲不封外戚之故有司因此上奏宜依舊典太后詔曰凡言事者欲媚朕以

以此著書太后必傳矣

要福耳昔王氏五侯同日俱封其時黃霧四塞不聞澍雨之應又田蚡竇嬰二人皆武帝時外戚寵貴橫恣傾覆之禍為世所傳故先帝防慎舅氏不令在樞機之位諸子之封裁令半楚淮陽諸國常謂我子不當與先帝子等今有司奈何欲以馬氏比陰氏乎吾為天下母而身服大練食不求甘左右但著帛布無香薰之飾者欲身率下也以為外親見之當傷心自勑但笑言太后素好儉前過濯龍門上見外家問起居者車如流水馬如游龍倉頭衣綠褠領袖正白顧視御者不及遠矣故不加譴怒但絕歲用而已冀以默愧其心

而猶懈怠無憂國忘家之慮知臣莫若君況親屬乎吾豈可上負先帝之旨下虧先人之德重襲西京敗亾之禍哉固不許帝省詔悲歎復重請曰漢興舅氏之封侯猶皇子之爲王也太后誠存謙虛奈何令臣獨不加恩三舅乎太后報曰吾反覆思之思令兩善豈徒欲獲謙讓之名而使帝受不外施之嫌哉昔竇太后（景帝后武帝母也）欲封王皇后（武帝后）之兄丞相條侯（周亞夫也）言受高祖約無軍功非劉氏不侯今馬氏無功於國豈得與陰郭中興之后等耶（陰郭二氏皆光武后）常觀富貴之家祿位重疊猶再實之木其根必傷吾計之熟矣

勿有疑也。初太夫人塟，起墳微高，太后以爲言，兄廖等即時減削。其外親有謙素義行者，輒假借溫言，賞位如有纖介，則先見嚴恪之色，然後加譴。其美車服不軌法度者，便絕屬籍，遣歸田里。於是內外從化，被服如一，諸家惶恐，倍於永平時。（永平，顯宗年號。）乃置織室，蠶於濯龍中，（濯龍，宮名。）數往觀視，以爲娛樂。常與帝旦夕言道政事，及教授諸小王論語經書，述叙平生，雍和終日。

臣按：明德馬氏之所以賢於人者有五。肅宗非其所生，而盡心撫育，忘己私也。憂皇嗣未廣，而薦達左右如恐弗及不妒忌也帝每出遊幸輒以風邪霧露爲戒楚獄之寃乘間開陳以致感悟多所原宥能輔佐也躬衣大練崇節儉也裁抑馬氏封爵不私外家也有此五者故爲兩都賢后之最後世未有及焉者推本言之又以知問學喜讀書之故然則后之於學其可不講哉

唐太宗文德長孫后隋右驍衛將軍晟女喜圖傳視古今善惡以自鑑矜尚一法晟以女太宗時隱太子釁鬩已構后內盡孝事高祖謹承諸妃消釋嫌隙俄爲皇后性約素服御取給則止益觀書雖容櫛不少

得大體

廢與帝言或及天下事辭曰牝雞司晨家之窮也可乎帝固要之訖不對後廷有被罪者帝怒詔繩治候意解徐爲開理終不令有寃下嬪生豫章公主而死后覛如所生媵侍疾病輟所御飲藥資之下懷其仁兄無忌於帝本布衣交以佐命爲元功出入卧內帝將引以輔政后固謂不可乘間曰妾託體紫宫尊貴已極不願私親更據權于朝漢之官霍官謂上官氏。昭帝后也。霍事見後。可以爲戒帝不聽后密諭令牢讓帝不獲已乃聽后喜見顏閒太子承乾乳媪請增東宫什器后曰太子患無德與名器何請爲從幸九成宫方屬疾會柴紹等急變聞帝甲而起后輿疾以從宦司諫止后曰上震驚吾可自安疾稍亟太子欲請大赦汎度道人祓塞災會后曰死生有命非人力所支若修福可延吾不爲惡使爲善無效我尚何求且赦令國大事佛老異方教耳皆上所不爲豈宜以吾亂天下法時房玄齡小譴就第后曰玄齡陛下布衣舊非大故不可棄妾家以恩澤進無德而祿易以取禍無屬樞柄以外戚奉朝請足矣妾生無益於時死不可以厚葬又請帝納忠容諫勿受讒省遊畋作役死無恨后嘗采古婦人事著女則十篇又爲論斥漢之馬后不能

簡抑外家使與政事乃戒其車馬之侈此謂開本源恤末事常誡守者吾以自簡故書無條理勿令至尊見之及崩宮司以聞帝爲之慟示近臣曰后此書可用垂後我豈不通天命而割情乎顧内失吾良佐哀不可已耳

初長樂公主將出降上以皇后所生特愛之勑有司資送倍於永嘉公主高祖女也魏徵諫曰昔漢明帝欲封皇子曰我子豈得與先帝子比皆令半楚淮陽今資送公主倍於長主得無異明帝之意乎上然其言入告皇后后嘆息曰妾亟聞陛下稱重魏徵不知其故

今觀其引禮義以抑人主之情乃知眞社稷之臣也妾與陛下結髮爲夫婦曲承恩禮每言必先候顏色不敢輕犯威嚴況以人臣之疎遠乃抗言如是陛下不可不從也因請遣中使齎錢絹以賜徵且曰聞公正直乃今見之故以相賞公且常秉此心勿轉移也

上嘗罷朝怒曰會須殺此田舍翁后問爲誰上曰魏徵每廷辱我后退具朝服立于庭上驚問其故后曰妾聞主明臣直今魏徵直由陛下之明故也妾敢不賀上乃悅

臣按文德長孫后之賢其行事皆可爲後世法

方太宗之怒魏徵也非后從容開捄則徵不得免矣其爲君德之累可勝計耶一言而全直臣於將死之際立太宗於無過之地雖古之賢后何以逾此吁可仰哉吁可仰哉以上皆德選者

漢武帝衛后字子夫生微也爲平陽主謳者平陽公主帝之姊也武帝過平陽主主見所侍美人帝不說既飲謳者進帝獨說子夫帝起更衣子夫侍尚衣得幸主因送入宮後有身尊寵召其兄衛長君弟青侍中元朔元年生男據遂立爲皇后後色衰遭巫蠱事自殺

成帝趙后本長安宮人壯屬陽河主家學歌舞號曰

飛燕成帝微行出過陽阿主作樂上見飛燕悅之召入宮大幸有女弟復召入俱爲倢伃貴傾後宮許后之廢也上欲立趙倢伃皇太后嫌其所出微甚難之太后姊子淳于長爲侍中數往來傳語得太后指上封倢伃父爲成陽侯諫大夫劉輔上書以爲武王周公承順天地以饗魚烏之瑞然猶君臣祗懼動色相戒況於季世不蒙繼嗣之福屢受威怒之異雖夙夜自責改過易行畏天命念祖業妙選有德之世考卜窈窕之女以承宗廟順神祇心塞天下望子孫之祥猶恐晚暮今乃觸情縱欲傾於卑賤之女欲以母天

下。不畏于天。不愧于人。惑莫大焉。里語曰。腐木不可以爲柱。卑人不可以爲主。書奏。上使侍御史收縛輔繫掖庭祕獄。後月餘。立倢伃爲皇后。寵少衰。而弟昭儀絕幸。後以殘滅繼嗣。危宗廟。貶爲孝成皇后。又廢爲庶人。自殺。

臣按。二后。一以謳者進。一以歌者進。始進不正。其能終乎。古今以色選者非一。姑錄二事爲方來之鑑。他不悉紀云。又按。漢之選后。色進之外。有以親進者。孝惠張后。宣平侯敖女。敖尚帝姊魯元公主。呂太后欲爲重親。以公主女配帝爲后欲使生子萬方終無子遂使陽爲有身取後宫美人子名之殺其母立所名子爲太子後后氏滅后廢處北宫武帝陳后長公主嫖女初武帝爲太子長主有力取長主女爲妃及帝即位擅寵驕貴十餘年無子後以媚道覺廢處長門宫成帝許后平恩侯嘉女元帝悼傷母恭哀后居位日淺而遭霍氏之辜事見後故選嘉女以配太子成帝即位立爲后常寵於上後宫希得進見久之寵益衰後以媚道祝詛音詛廢處昭臺宫三后憑舊姻以進本欲隆戚里之恩而驕恣怙

寵秪速禍敗由其以親而不以德故也後漢則桓帝梁后亦然梁氏自順烈后順帝后至此凡二后矣后順烈女弟也時太后秉政而梁冀顓朝后獨得寵幸藉姊兄勢恣極奢靡及太后崩恩愛稍衰后既無子潛懷怨忌每宮人孕育鮮得全者冀誅追廢爲貴人及晉之楊氏兩爲帝后其禍尤烈見後外屬事中親進之外又有以妃嬪進者文帝元年有司請立皇后薄太后曰諸侯皆同姓立太子母爲皇后即竇氏也竇生景帝古者天子諸侯皆娶大國其國以娣姪從正

妃死次妃攝行内事而無有嗣升后夫人之位者故齊桓公葵丘之盟毋以妾爲妻魯公子荆之母嬖哀公將以爲夫人使宗人釁夏獻其禮對曰無之公怒曰女爲司宗立夫人國之大禮也何故無之對曰周公及武王娶於薛孝惠娶於商（商宗也）自桓以下娶於齊此禮也則有若以妾爲夫人則固無其禮也春秋之世犯葵丘之盟者多矣獨宗人釁夏能守其禮自漢文以後人主惟意所向不復議矣若魏文帝將立郭貴嬪爲后而中郎棧潛爭之唐明皇將立武惠妃

爲后。而御史潘好禮爭之。千數百年之間。能守此禮者。又獨二臣爲然。餘則惟主意所欲。且習以爲常。無復議之者矣。嗚呼。禮之失久矣。誠欲重帝王之匹。正風化之本。其可苟乎。

以上論謹選立之道。臣按元祐中。給事中兼侍講范祖禹言於

宣仁聖烈皇后曰。臣伏奉　詔旨。

皇帝納后六禮。令翰林學士。御史中丞。兩省給舍。與禮部太常寺同共詳議。臣竊伏思。此乃國家大事。萬世之本。福祚所繫。風

化所先自古聖王重之今
陛下宜先知者有四不可不謹也臣謹稽
之上古參之後世爲
陛下悉數而詳陳之一曰族姓二曰女德
三曰隆禮四曰博議所謂族姓者臣聞古
之帝王所與爲昏姻者必大國諸侯先聖
王之後勳賢之裔不然則甥舅之國也不
以微賤上敵至尊故其福祚盛大子孫蕃
昌昔黃帝娶於西陵之女是爲嫘祖爲帝
正妃其子孫皆有天下五帝三王皆黃帝

之後也。舜娶帝堯之二女釐降于潙汭。遂有天下。大禹娶塗山。是生夏啓。天下歸之。子孫享國四百七十餘年。成湯娶于有莘氏。子孫有天下六百餘年。周之先祖后稷生於姜嫄。世有賢妃。太王娶太姜。是生王季。王季娶太任。是生文王。文王娶太姒。其禮尤盛。大雅歌之曰。文定厥祥。親迎于渭造舟爲梁。不顯其光。自古昏禮未有如文王之盛也。太姜炎帝之後也。太任太昊之後也。太姒太禹之後也。太姒生十子。武王

周公皆聖人也其餘皆爲顯諸侯周之子
孫徧于天下太姒之德也詩人美文王之
聖本由太任其詩曰思齊太任文王之母
思媚周姜京室之婦太姒嗣徽音則百斯
男又曰刑于寡妻至于兄弟以御于家邦
言文王之化自家及國以至天下也周南
關雎后妃之德人倫之始風化天下皆美
大任太姒也武王亦娶于姜是生成王周
有天下三十餘世八百餘年其基本益由
此也故族姓不可不貴所謂女德者臣聞

三代之興皆有賢妃其亾也皆有嬖女夏之興也以塗山其亾也以末喜商之興也以有娀其亾也以妲己周之興也以姜嫄其亾也以褒姒此皆聖賢所紀詩書所載垂之後世以爲永鑑者秦漢以後婚姻多不正無足取法惟後漢顯宗明德馬后唐太宗文德長孫后皆有后德出於勲賢之家其餘敗亂足以爲戒而已恭惟　本朝太祖皇帝以來家道正而人倫明歷世皆有聖后內德之助自三代以來未有如

本朝家法也。
皇帝聖德明茂。睿質純粹。天監在下。必生
聖女以佑　皇家。惟
陛下遠觀上古。近鑑後世。上思天地宗廟
之奉。下爲萬世子孫之計。選卜窈窕。以母
儀萬國。表正六宮。非有德孰可以當之。然
閨門之德不可著見。必視其世族。觀其祖
考。察其家風。參以庶事。亦可知也。昔漢之
初。大臣議欲立高帝子齊王。皆曰王母家
駟鈞惡戾。虎而冠者也。代王母家薄氏。君

子長者乃立代王是爲文帝文帝爲漢之賢王亦由其母家仁善也故女德不可不先所謂隆禮者臣聞天子之與后猶天之與地日之與月陽之與陰相須而後成者也孔子對魯哀公曰古之爲政愛人爲大所以治愛人禮爲大所以治禮敬爲大敬之爲大昏爲大大昏至矣大昏既至冕而親迎親之也哀公曰冕而親迎不已重乎孔子愀然作色而對曰合二姓之好以繼先聖之後以爲天地宗廟社稷之主君何

謂已重乎。葢深非之也。臣今與衆官討論
講議。皆約先王之禮。參酌其宜。不爲過隆
願
陛下勿以爲疑。進言者。必曰天子至尊。無
敵於天下。不當行夫婦之禮。臣謹按禮冠
昏惟有士禮。而無天子諸侯之禮。故三代
以來。惟以士禮推而上之。爲天子諸侯之
禮。葢以成人之與夫婦。自天子至於士則
一也。臣竊聞親王宗室之間。娶妻殊無齊
體之禮。敬而親之之義。天下豈有獨尊而

無配偶者哉至於鄙慝之禮或雜戎狄之
俗或習委巷之風下自士俗上流宮禁有
涉於此者願
陛下一切屏絕之以正基本以先天下故
禮不可不降所謂博議者臣聞古者天子
聘后上公逆之諸侯主之故春秋書祭公
來遂逆王后于紀夫國有大事大臣不容
不預聞也昔
慈聖光獻之立也呂夷簡定其議故其詔
曰覽上宰之敷言其冊曰宗公鼎臣誦言

于朝。先是茶商陳氏女亦預選擇。王曾宋綬皆以爲言。繼有言者。遂罷陳氏。

仁宗所以爲聖者。能從衆也。進言者必曰。此

陛下家事。非外人所預。自古誤人主者多由此言也。天子以四海爲家。中外之事。孰非

陛下家事。大臣無不可預之理。且

陛下用一執政。進一近臣。必欲協天下之望。況立皇后以母天下乎。臣恐

陛下一日降詔云立某氏爲皇后則大臣
雖有所見亦難乎論議矣今
陛下之所選擇莫若出其姓氏宣問大臣
若
聖志既定而衆議僉同則卜筮協從鬼神
其依天人之意無不同矣故議不可不博
臣幸備勸講其職在以帝王之事裨益
聖德故敢獻其所聞臣之愚誠惟
中宮正位之後四海之内室家相慶則
宗社之福也臣謂自昔論擇后者未有若

範祖禹之詳備故著于篇以爲法云。

大學衍義卷之三十六終

大學衍義卷之三十七

宋　學士　眞德秀　彙輯

明　史官　陳仁錫　評閱

齊家之要一

重妃匹

頼規警之益

周宣姜后賢而有德。事非禮不言，行非禮不動。宣王嘗早卧晏起，后夫人不出於房。姜后旣出，乃脫簪珥待罪於永巷，使其傅母通言於王曰：妾不才，妾之淫心見矣，至使君王失禮而晏朝，以見君王之樂色而忘德也。夫苟樂色，必好奢；好奢必窮樂；窮樂者，亂之所興也。原亂之興，從婢子起，敢請罪。唯君王命。王曰：寡人不德，寔自過。過從寡人起，非夫人罪也。遂復姜后而勤於政事，早朝晏退，繼文武之迹，興周室之業，卒成中興之名，爲周世宗。

臣按：宣王所以能復文武之業者，由姜后之賢庶幾乎任姒也。古者后夫人入御於君，雞初鳴，太師奏雞鳴于陛下。太師，樂官。夫人鳴佩玉於房中，告去也。應門擊柝，告辟也。辟音闢，啓也。然則古之夙興，莫不以雞鳴爲節。宣王當興衰撥亂之際，顧乃早卧而晏起。此姜后所以規之也。宣王自是勤於政事。周以復興。內助之益。胡可少哉。

齊雞鳴。思賢妃也。哀公荒淫怠慢。故陳賢妃貞女夙夜警戒相成之道焉。雞既鳴矣。朝既盈矣。言會朝者已滿也。匪雞則鳴。蒼蠅之聲。東方明矣。朝既昌矣。昌盛也。匪東方則明。月出之光。蟲飛薨薨。薨薨衆也。甘與子同夢。會且歸矣。無庶予子憎。

臣按此詩。蓋思古之賢妃正女所以警戒其君如此也。曰雞既鳴也。會朝者盈矣。靜而聽之。蓋蠅聲而非雞鳴也。東方明矣。會朝者亦盛矣。審而視之蓋月出之光而非東方之明也賢妃正女心存乎敬其在君所唯恐夙興之不時以致其君視朝之或晚故因其疑似而作爲蟲飛薨薨此將明之時也豈不欲與子卧而同夢乎顧群臣之會于朝者亦欲歸而治其家事庶幾及時而退無憎予與子也知人之情而不狥已之欲非賢且正其能若是乎范祖禹有言聖人順天地陰陽之理觀萬物之情明而動晦而休故以雞鳴爲夙興之節是以蟲飛薨薨則不獨以怠於政事亦非尚寐之時也君子之修身不以

有事而蠶無事而晏其與居皆順天地之理所以爲常也斯言得之矣

楚樊姬者莊王之夫人莊王初卽位好狩獵畢弋樊姬諫不止乃不食禽獸之肉三年而王改

齊衛姬者桓公夫人公好淫樂衛姬爲不聽鄭衛之聲

漢成帝遊於後庭嘗欲與班婕妤同輦載婕妤辭曰觀古圖畫賢聖之君皆有名臣在側三代末主迺有女嬖今欲同輦得無近似之乎上善其言而止太后聞之喜曰古有樊姬今有班婕妤

賴規警之益

太宗賢妃徐惠。貞觀末數調兵討定四夷。稍稍治宮室。百姓勞怨。惠上疏極諫。且言東戍遼海。西討崑丘。士馬罷耗。漕饟漂没。捐有盡之農。趨無窮之壑。圖未獲之衆。喪已成之軍。故地廣者。非常安之術。人勞者。爲易亂之符。又言翠微玉華等宮。雖因山藉水。無築構之苦。而工力和僦。不謂無煩。有道之君。以逸逸人。無道之君。以樂樂身。又言伎巧爲喪國斧斤。珠玉爲蕩心酖毒。侈麗纖美。不可以不遏。志驕於業泰。體逸於時安。其剴（剴音該。平聲。）切精詣。大畧如此。帝善其言。優賜之。

臣按樊姬而下。或諸侯之配。或嬪御之列。而能知古者賢妃正女警戒其君之道。其可尚者。故附著焉。宮掖之中。誠得如是之人。日陳規益。庶其有裨乎。不然鮮不以狡媚蕩其君心者。

以上論賴規警之益

重妃匹

明嫡媵之辨

春秋傳辛有周大夫諗周公名黑肩曰。並后妾如后匹嫡。庶如嫡兩政臣擅命耦國都如國亂之本也。

臣按天無二日。土無二王。尊無二上。故妾不可

以並后庶不可以加嫡臣不可以儗君此天地之常經古今之大義也辛有以四者併言而並后爲之首故叙于此

綠衣（衛風篇名）衛莊姜傷已也妾上僭夫人失位而作是詩其一章曰綠兮衣兮綠衣黃裏心之憂矣曷維其已二章曰綠兮衣兮綠衣黃裳心之憂矣曷維其亡

臣按莊姜者莊公之正配也莊公惑於嬖妾而夫人失位故莊姜作此詩焉不以刺公而以傷巳忠厚之意也綠間色黃正色間色之綠不當爲衣猶妾不宜專寵也正色之黃乃爲裏猶夫

人見疎而微也。至於綠反爲衣而在上。黃反爲裳而處下。則其尊卑失序。又益甚矣。莊姜之憂蓋爲宗國而非爲己也。蓋嫡妾之亂。其弊將有不勝言者。曰曷維其已。曷維其亾。蓋雖欲忘憂而不可得也。其後嬖妾之子州吁。果以簒立。而衛爲之大亂。莊姜之憂於是乎驗。有國者其可不鑑于玆。

漢文帝所幸愼夫人。在禁中。常與皇后同席坐。及幸上林。布席。袁盎引卻愼夫人。夫人怒。上亦怒。盎因前說曰。臣聞尊卑有序。則上下和。今已立后。夫人乃妾也。妾主豈可與同坐哉。且陛下獨不見人彘乎。人彘。戚姬事。見後國本篇上說。語夫人。賜盎金五十斤。

臣按漢制。士大夫猶得出入禁中。故高祖擁戚姬。周昌見之。因陳桀紂之諫。夫人與后同席。袁盎見之。而引卻其坐。以外臣而敢卻夫人之席。毋乃非禮乎。然其言曰。尊卑有序。則上下和。此當理之言也。故文帝始怒而遂喜。不惟赦之。又有以賞賚之。盎之直固可尚。文帝亦賢矣哉。

以上論明嫡媵之辨

重妃匹

懲廢奪之失

詩白華。周人刺幽后也。幽王取申女以爲后。申。姜姓之國又得褒姒而黜申后。褒姒。褒人所入之女。姒。其字也。故下國化之。以妾爲妻。以孽代宗。孽。支庶也。宗。宗嫡子也。而王不能治。周人爲之作是詩也。白華菅音姦兮。白茅束兮。之子之遠。之子。謂王也。俾我獨兮。英英白雲。英英。輕明之貌。露彼菅茅。天步艱難。之子不猶。滮音皮休反池北流。浸彼稻田。嘯歌傷懷。念彼碩人。碩人。謂王。樵彼桑薪。卬烘于煁。卬。我也。煁。烓竈也。維彼碩人。實勞我心。鼓鍾于宮。聲聞于外。念子懆懆。懆懆。憂貌。視我邁邁。不顧貌有鶖在梁。鶖。禿鳥。梁。魚梁。有鶴在林。維彼碩人。實勞我

心。鶖鶖在梁。戢其左翼。之子無良。二三其德。有扁斯石。履之卑兮。之子之遠。俾我疧兮。扁卑貌疧病也

臣按此詩舊說以爲周人作。朱熹謂申后作也。味其辭指。熹說得之。白華之爲物。視茅爲美。故白華則漚以爲菅。白茅則用之包束。物之美惡。用各有所。猶尊卑上下。各有其分也。今王亂貴賤之序。而棄遠我。使我窮獨失所。此首章之義也。英英輕明之白雲。降而爲露。菅之與茅。俱被其潤。滮池之水。其流雖微。而禾稻之田。賞其灌溉。今時運艱難。反不如白雲之能潤。王之尊大

反不如滮流之能溉所以嘯歌傷懷也此二章三章之義也桑薪所以供烹爨而用之以烘燎物失其所以喻嫡后之見棄此四章之義也夫鼓鐘於宮中而其聲徹聞於外如幽王心寵褒姒而形之聲容也何以知之我念王則懆懆不能釋王視我則邁邁不相親此五章之義也鶖之與鶴皆以魚爲食然鶴之與鶖淸濁則有間矣今鶖在梁而鶴在林鶖則飽而鶴則饑矣王之棄后而親嬖亦猶養鶖而棄鶴此六章之義也鴛鴦能好其匹雄雌相從不失其性幽王無

良。不一其德。殆鴐鵞之不如。此七章之義也。乘石履之以登車。用之卑者也。嬖妾下人。其用猶此。今乃進彼而遠我焉。使我病也。此八章之義也。申后雖見棄。而其辭氣和平如此。信乎其爲先王之澤與。

瞻卬音仰凡伯刺幽王大壞也。其三章曰。哲夫成城。哲婦傾城。哲。智也。城。猶國也。懿厥哲婦。哲婦。謂褒姒也。爲梟爲鴟。鴟。號惡聲鳥也。婦有長舌。能多言。維厲之階。階。梯也。亂匪降自天。生自婦人。匪教匪誨。時維婦寺。婦。婦人。寺。寺人。

臣按易曰。無攸遂。在中饋。言婦人之職。惟無所戒惟居中主主飲食而已詩曰無非無儀惟酒是議言婦不可以有非亦不可以有能惟賓祭酒食是議亦猶易之意也然則又焉用智乎夫男子正位于外為國家之主故有智則能立國婦人正位乎內為饋祀之主有智則適以覆國故此懿美之婦而反為梟鴟葢以其多言而能為禍亂之梯也是則亂豈自天降哉特由此婦人而已葢其言雖多而非有教誨之益者惟婦人與寺人耳上文但言婦人之禍此乃兼以寺人為言葢二者常相倚以為姦不可不併戒也

正月之章曰燎之方揚寧或滅之赫赫宗周褒姒烕之烕音血

歐陽修曰幽王雖亾而太子宜臼立是爲平王而詩人乃言滅之者以爲文武之業於是蕩盡東周雖在不能復興矣其曰滅之者甚嫉之之辭也

臣按國語方褒姒之有寵於王也大夫史伯曰虢石父讒諂巧從之人也而立以爲卿士與剸同也棄聘后而立内妾好窮固也侏儒戚施實御在側近頑童也周法不昭而婦言是行用讒慝也是物也不可以久且宣王之時有童謠曰

檿弧箕服，實亡周國。宣王聞之，有夫婦鬻是器者，王使執而戮之。戮，辱也。府之小妾生女而非王子也，謂無夫自孕。懼而棄之。此人也，收以奔褒，褒人有獄，而以爲入，王嬖之，使至於爲后。天之生此久矣，其爲毒也大矣，將俟淫德而加之焉。毒之酋腊者，猶，利也。腊，疾也。其殺也滋速。申、繒、西戎方彊，王室方騷，將以縱欲，不亦難乎？王欲殺太子以成伯服，必求之申，申人弗畀，必伐之。若伐申，而繒與西戎會以伐周，周不守矣。考之史記，其後果如史伯言，王被殺而褒姒虜，周東遷于洛，不復振。嗚呼悲夫。

漢孝宣許后父廣漢以罪輸掖庭後爲暴室嗇夫。暴室暴練之地。嗇夫其小吏也。宣帝養掖庭號曾孫。與廣漢同寺居。廣漢以女與曾孫。生元帝。數月曾孫立爲帝。時霍將軍光有小女。與皇太后有親。公卿議立后。皆心儀音螘霍將軍女。上乃詔求微時故劍。大臣知指。白立許婕妤爲皇后。霍光夫人顯欲貴其小女。道無從。明年許皇后當娠病。顯屬女醫淳于衍曰。將軍素愛小女成君。欲奇貴之。願以累少夫。少夫。衍之字衍曰。何謂邪。顯曰。婦人免乳大故。十死一生。今皇后當免身。可投毒藥去也。成君卽得爲皇后矣。衍曰藥雜治當先嘗。安可。顯曰。在少夫爲之耳。將軍領天下。誰敢言者。衍良久曰。願盡力。卽擣附子齎入長定宮。皇后免身後。衍取附子并合大醫大丸以飮皇后。有頃。遂加煩懣崩。後人有上書告諸醫侍疾無狀者。皆收繫詔獄。顯恐事急。卽以狀具語光。因曰旣失計爲之。無令吏急衍。光驚愕。默然不應。奏上署衍勿論。顯遂勸光納成君。果立爲皇后。初許后從微賤登至尊。從官車服甚節儉。五日一朝皇太后於長樂宮。親奉案上食。以婦道共養。及霍后立。亦修許后故事。而皇太后親霍后之姊子。

故常竦體敬禮之皇后輦駕待從甚盛賞賜官屬以千萬計與許后時縣絕矣上亦寵之顯房立三歲光薨後一歲立許后男爲太子顯怒恚不食曰此乃民閒時子安得立卽后有子反爲王邪復教皇后令毒太子皇后召太子食保阿輒先嘗后挾毒不得行後殺許后事泄顯遂與諸婿謀反覺后廢處昭臺宮後徙雲林館乃自殺

臣按顯之敢爲此者知光之可恃也光不學無術徒以重厚受知武帝膺末命之託其始猶有敬忌之心及孝宣旣立功蓋盛權蓋尊平時志

操於是盡變陰妻邪謀害天下之母光知而旣不問匿侍醫之罪又成其納女之謀漢有良史宜書曰霍光弑皇后許氏立女爲皇后則當其罪矣然光之爲此本以昌熾其家而不知赤族之禍乃自是始其可不戒也夫

唐高宗皇后武氏士彠女太宗聞其美召爲才人賜號武媚及帝晏駕爲比丘尼高宗爲太子時入侍悅之王皇后久無子蕭淑妃方幸后陰不悅他日帝過佛廬才人見且泣帝感動后引納後宮以撓妃寵才人有權數詭變不窮始下辭降體事后后喜數譽於

帝。故進爲昭儀。一旦顧幸在蕭右。寖與后不協。后性
簡重。不曲事上下。故昭儀伺后所薄。必款結之。得賜
予盡以分遺。由是后及妃所爲。必得。得輒以聞。然未
有以中也。昭儀生女。后就顧弄去。昭儀潛斃兒衾下。
伺帝至。陽爲歡言。發衾視兒死矣。又驚問左右。皆曰。
后適來。昭儀即悲涕。帝不能察。怒曰。后殺吾女。往與
妃相讒媢。今又爾邪。后無以自解。而帝愈信愛。始有
廢后意。久之。欲進號宸妃。侍中韓瑗中書令來濟言
不可。昭儀乃誣后與母厭勝。帝挾前憾。實其言。將遂
廢之。長孫無忌褚遂良韓瑗及濟瀕死固爭。帝猶豫。

而中書舍人李義府衛尉卿許敬宗素嶮側狙勢即表請昭儀爲后帝意決下詔廢后進昭儀爲皇后於是逐無忌遂良踵死徙寵熖赫然王后并蕭良娣廢囚宫中帝念后間行至囚所見門禁錮嚴進飲食竇中惻然傷之呼曰皇后良娣無恙否二人同辭曰妾等以罪棄爲婢安得尊稱邪流涕嗚咽又曰陛下幸念疇昔使妾死更生復見日月乞署此爲回心院帝曰朕有處置武后知之詔杖二人百剔其手足反接投釀甕中曰令二人骨醉數日死殊其尸武后頻見二人被髮瀝血爲厲惡之以巫祝解謝即徙蓬萊宫

厲復見哉。多駐東都云。

臣按武氏之傾王后也。可謂極天下之險巧。既奪其位。置之死地。又極天下之慘虐。自有載籍。未之聞也。始太宗命無忌遂良受顧命。曰。朕佳兒佳婦。悉以付卿。高宗懦庸。惟色是殉。方其見才人於太宗之側。已有欲炙之心。此念一萌。天地鬼神其知之矣。至是縱賊嬪而害嫡后。不復以末命爲意。由是政移房闥。拱手受制。而鼎祚以移。原其本。皆自疇昔一念始。禍淫之監。豈不昭灼也哉。

以上論懲靡奪之失

大學衍義卷之三十七　終

卷三十　三

戊午九月二日一見加朱

湘孝[illegible]

大學衍義

卅八之四十一

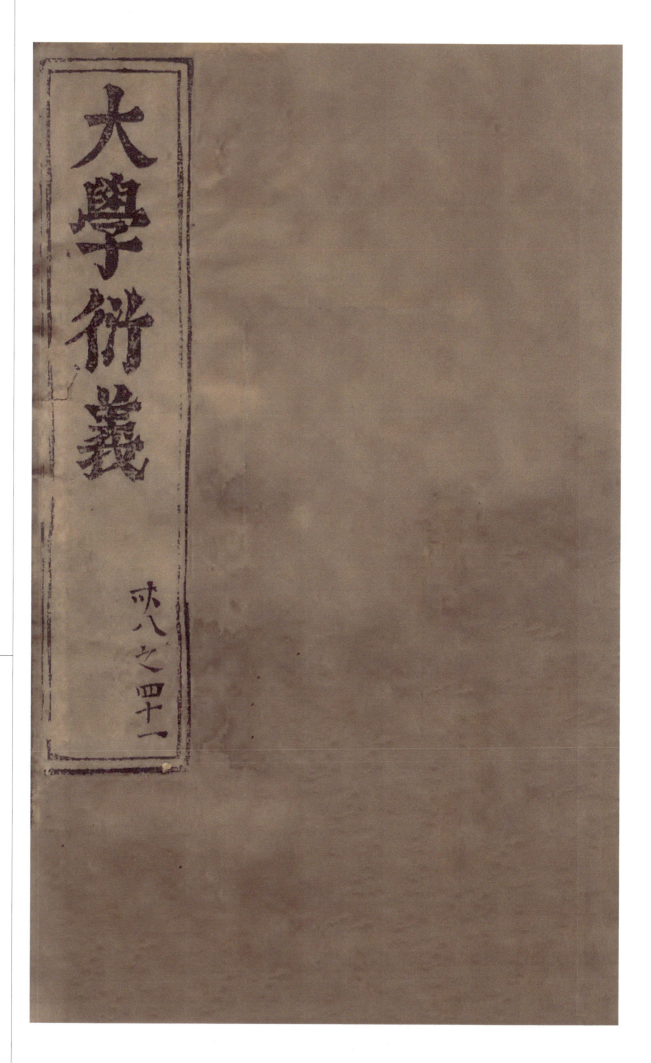

大學衍義卷之三十八

宋 學士 眞德秀 撰
明 史官 陳仁錫 評閱

齊家之要二

嚴内治

宫闈内外之分

記古者天子后立六宫。三夫人。九嬪。二十七世婦。八十一御妻。以聽天下之内治。以明章婦順。故内和而家理。天子立六官。三公。九卿。二十七大夫。八十一元士。以聽天下之外治。以明章天下之男教。故外和而國治。故曰天子聽男教。后聽女順。此之謂盛德。是故男教不修。陽事不得。適見於天。（適與讁同。見音現。）日爲之食。婦順不修。陰事不得。適見於天。月爲之食。是故日食。則天子素服而修六官之職。月食。則后素服而修六宫之職。故天子之與后。猶日之與月。陰之與陽。相須而后成者也。天子修男教。父道也。后修女順。母道也。故曰。天子之與后。猶父之母也。

臣按。家人之卦曰。女正位乎内。男正位乎外。男女正。天地之大義也。易言其理。而禮迹其法。蓋相表裏云。

曲禮曰。外言不入於梱。内言不出於梱。

臣按此嚴中外。杜請謁之法也。自士大夫之家猶然。況帝室乎。

以上論宮闈内外之分

嚴内治

宮闈預政之戒

春秋傳。齊桓公葵丘之盟曰。毋使婦人預國事。

臣按春秋之世。婦人擅寵於内者多矣。而未聞預政於外者也。葵丘之盟。可爲萬世之戒者三。曰。毋易樹子。適子也。毋以妾爲妻。而此其一也。及

戰國時秦芊太后齊君王后始預國事見於史
漢高祖呂皇后爲人剛毅佐高帝定天下惠帝立爲皇太后惠帝崩立孝惠後宮子爲帝太后臨朝稱制高后元年冬太后議欲立諸呂爲王問右丞相陵陵曰高帝刑白馬盟曰非劉氏而王天下共擊之今王呂氏非約也太后不悅問左丞相平太尉勃對曰高帝定天下王子弟今太后稱制王諸呂無所不可太后喜罷朝王陵讓陳平絳侯曰始與高帝啑血盟諸君不在邪今太后女主欲王呂氏諸君阿意背約何面目見高帝地下乎陳平絳侯曰於今面折廷爭臣

天下大事定矣

不如君全社稷定劉氏之後君亦不如臣太后以王陵爲帝太傅實奪之相權陵遂病免歸乃以陳平爲右丞相辟陽侯審食其爲左丞相不治事令監宮中如郎中令食其故得幸於太后公卿皆因決事太后又追尊其父臨泗侯呂公爲宣王兄澤爲悼武王欲以王諸呂爲漸太后欲王呂氏乃先立所名孝惠子彊爲淮陽王不疑爲恒山王使大謁者張釋風大臣乃請立悼武王長子酈侯台爲呂王割齊之濟南郡爲呂國

二年封齊悼惠王子章爲朱虛侯令入宿衛又以呂

祿。女。妻。章。

四年。太后封女弟嬃爲臨光侯。

少帝寖長。自知非皇后子。出言曰。后安能殺吾母而名我。我壯。卽爲變。太后聞之。幽永巷中。廢殺之。立恒山王爲帝。更名弘。不稱元年。以太后制天下事故也

六年。立肅王弟產爲呂王

七年。太后召趙幽王友。友以諸呂女爲后。弗愛。愛他姬。諸呂女怒去。讒之於太后。太后以故召趙王。趙王至。置邸不得見。令衛圍守之。弗與食。餓死。徙梁王恢爲趙王。呂王產爲梁王。梁王不之國。爲帝太傅。

趙王恢之徙趙，心懷不樂。太后以呂產女為王后。王后從官皆諸呂，擅權，微伺趙王，趙王不得自恣。王有所愛姬，王后使人酖殺之。王不勝悲憤自殺。太后以為王用婦人棄宗廟禮，廢其嗣。

是時諸呂擅權用事。朱虛侯章年二十，有氣力，忿劉氏不得職。常入侍太后燕飲，太后令章為酒吏。章自請曰：臣將種也，請得以軍法行酒。太后曰：可。酒酣，章請為耕田歌。太后許之。章曰：深耕穊種，立苗欲疏，非其種者，鋤而去之。太后默然。頃之，諸呂有一人醉亾酒，章追拔劍斬之而還。太后左右皆大驚。業已許其

軍法無以罪也因罷自是之後諸呂憚朱虛侯雖大臣皆依朱虛侯劉氏爲益彊

陳平患諸呂力不能制恐禍及己嘗燕居深念陸賈往直入坐而陳丞相不見陸生曰何念之深也陳平曰生揣我何念陸生曰足下極富貴無欲矣然有憂念不過患諸呂少主耳陳平曰然爲之奈何陸生曰天下安注意相天下危注意將將相和調則士豫附天下雖有變權不分爲社稷計在兩君掌握耳君何不交驩太尉深相結因爲陳平畫呂氏數事陳平用其計乃以五百金爲絳侯壽厚具樂飲太尉報亦如

之。兩人深相結。呂氏謀益衰。
太后立兄子呂祿爲趙王。
八年。立呂肅王子東平侯通爲燕王。太后病甚。乃令
趙王祿爲上將軍居北軍。呂王產居南軍。太后誡產
祿曰。呂氏之王。大臣弗平。我卽崩。帝年少。大臣恐爲
變。必據兵衛宮。愼毋送喪。爲人所制。太后崩。遺詔大
赦天下。以呂王產爲相國。以呂祿女爲帝后。諸呂欲
爲亂。畏大臣絳灌等。未敢發。朱虛侯以呂祿女爲婦。
故知其謀。乃陰令人告其兄齊王。欲令發兵西。朱虛
侯東平侯爲內應。以誅諸呂。立齊王爲帝。相國呂產

隙

等聞之乃遣潁陰侯灌嬰將兵擊之灌嬰至滎陽謀曰諸呂擁兵關中欲危劉氏而自立今我破齊還報此益呂氏之資也乃留屯滎陽使使諭齊王及諸侯與連和以待呂氏變共誅之齊王聞之乃還兵西界待約呂祿呂產欲作亂內憚絳侯朱虛侯等外畏齊楚兵又恐灌嬰叛之欲待灌嬰兵與齊合而發猶豫未決當是時濟川王太淮陽王武常山王朝及魯王張偃皆年少未之國居長安趙王祿梁王產各將兵居南北軍皆呂氏之人也列侯羣臣莫自堅其命太尉絳侯勃不得主兵曲周侯酈商老病其子寄與呂

附

祿善絳侯乃與丞相陳平謀使人刦酈商令其子寄往紿說呂祿曰高帝與呂后共定天下劉氏所立九王呂氏所立三王皆大臣之議事已布告諸侯諸侯皆以爲宜今太后崩帝少而足下佩趙王印不急之國守藩乃爲上將將兵留此爲大臣諸侯所疑足下何不歸將印以兵屬太尉請梁王歸相國印與大臣盟而之國齊兵必罷大臣得安足下高枕而王千里此萬世之利也呂祿信然其計太尉欲入北軍不得襄平侯紀通尚符節乃令持節矯內太尉北軍太尉復令酈寄與典客劉揭先說呂祿曰帝使太尉守北

方是臨事而懼

軍。欲足下之國。急解將印辭去。不然禍且起。呂祿以爲不欺已。遂解印屬典客。而以兵授太尉。太尉至軍。呂祿已去。太尉入軍門。行令軍中曰。爲呂氏右袒。爲劉氏左袒。軍中皆左袒。太尉遂將北軍。然尚有南軍。丞相平乃召朱虛侯章佐太尉。太尉令朱虛侯監軍門。令平陽侯告衛尉。毋入相國產殿門。呂產不知呂祿已去北軍。乃入未央宮欲爲亂。至殿門弗得入。徘徊往來。平陽侯恐弗勝。馳語太尉。太尉尚恐不勝諸呂。未敢公言誅之。乃謂朱虛侯急入宮衛帝。朱虛侯請卒。太尉予卒千餘人。入未央宮門。見產廷中。遂擊產殺之郎中府吏廁中朱虛侯已殺產帝命謁者持節勞朱虛侯朱虛侯欲奪其節謁者不肯朱虛侯則從與載因節信馳走斬長樂衛尉呂更始還馳入北軍報太尉太尉起拜賀朱虛侯曰所患獨呂產今已誅天下定矣遂遣人分部悉捕諸呂男女無少長皆斬之捕斬呂祿而笞殺呂嬃遣朱虛侯章以誅諸呂事告齊王令罷兵

臣按呂后之初受遺也高帝謂曹參可代蕭相國陳平可助王陵安劉氏者必勃可令爲太尉后皆用之如高帝言是時未有邪心也一旦臨

朝稱制。軍國大權既從已出。於是尊諸呂抑劉氏之意生矣。垂沒慮禍。令祿産分據兵權。而私外家。攘神器之謀決矣。非内有平勃之忠。外有齊楚之彊。則呂氏將不可制。非祿産庸駑易給肯去兩軍。則雖内外有人。亦未易制。然則漢祚之不亾者。天也。使后能以安劉全呂爲心。當惠帝之沒。迎立代邸。（卽文帝也）以嗣高帝之業。付託得人。坐享天下之養。功在宗祐。慶流外家。雖百世可也。釋此不爲。而貪八年稱制之權。豔三國分王之寵。騎虎不下。逆志以萌。致使宗族殲夷。嬰

孺莫保。昔之自私者。乃還以自禍也。豈不哀哉

孝元王皇后。成帝立尊爲皇太后。哀帝立尊爲太皇太后。哀帝崩。無子。太皇太后以新都侯莽爲大司馬。莽太后之姪也與共徵中山王奉哀帝後。是爲平帝。帝年九歲被疾。太后臨朝。委政於莽。莽顓威福。平帝崩無子。莽徵宣帝玄孫。選取少者廣戚侯子嬰。年二歲。立爲孺子。令莽踐阼居攝。如周公故事。太后不以爲可。力不能禁。於是莽遂爲攝皇帝。改元稱制焉。莽篡事見外屬篇

班彪曰。三代以來。春秋所記。王公國君與其失世。稀不以女寵。漢興。后妃之家。呂霍上官。幾危國者

數矣。及王莽之興。由孝元后歷漢四世爲天下母。饗國六十餘載。羣弟世權。更持國柄。五將十侯。卒成新都。位號已移於天下。而元后卷卷猶握一璽。不欲以授莽。婦人之仁。悲夫。

後漢皇后紀（范曄撰）曰。自古雖主幼時艱。必委成冢宰。簡求忠賢。未有專任婦人。斷割重器。唯秦芊太后始攝政事。故穰侯權重於昭王。家富於秦國。（芊太后。昭王母也。穰侯者。太后弟魏冉也。）漢仍其謬。知患莫改。權歸女主。外立者四帝。（四帝。安、質、桓、靈。）臨朝者六后。（竇、鄧、閻、梁、竇、何是也。）莫不定策帷帘。委事父兄。貪孩童以久其政。抑明賢以專其威。

臣字下有一漢字他館校字之漢字

孝和帝即位。年十六。和帝，章帝子也。尊皇后竇氏爲皇太后。太后臨朝，兄憲弟篤等皆在親要之地。至永元四年，竇氏益盛，遂圖弑害，和帝誅之。事在外戚篇中

和帝崩，殤帝生始百日，鄧后迎立之，尊后爲皇太后，臨朝。殤帝崩，太后定策立安帝，猶臨朝政。

范曄論曰：鄧后稱制終身，號令自出，術謝前政之良，身闕明辟之義，至使嗣主側目，斂衽於虛器，直生懷懣，騰書於象魏。

臣漢東漢母后之臨朝者，惟和熹爲最賢，然貪權不釋，杜根上書請還政，爲后所誅，故史氏譏

之。

安帝閻皇后，自帝時寵盛，兄弟頗與朝權，譖廢皇太子保爲濟陰王。帝崩，尊爲皇太后臨朝。后欲久專國政，貪立幼年，與弟顯等定策禁中，迎北鄉侯懿立之，立二百餘日而疾篤。及薨，后徵濟北河閒王子未至，而中黄門孫程等立濟陰王，是爲順帝，遷太后於離宫，顯等皆伏誅。

沖帝立，尊梁后爲皇太后臨朝。沖帝尋崩，復立質帝，猶秉朝政。太后夙夜勤勞，推心仗賢，委任太尉李固等，拔用忠良，務崇節儉。其貪叨罪慝，多見誅廢，海内肅然而兄大將軍冀鴆殺質帝遂立桓帝以此天下失望。

桓帝無嗣竇后爲皇太后臨朝定策立解瀆亭侯宏是爲靈帝太后父大將軍武謀誅宦官中常侍曹節等殺武遷太后於南宮雲臺靈帝崩皇子辯即位尊何后爲皇太后臨朝后兄大將軍進欲誅宦官反爲所害後董卓專政遷太后於永安宮爲所弑。

臣按此所謂臨朝者六后也六后之中若鄧與梁本以賢稱而桓帝竇后亦志存社稷然鄧以終身稱制爲天下後世所非梁竇亦不免於禍

敗由其以中壼而預國政外家而擅朝權非先

王之令典故也可不監哉

魏文帝詔曰婦人與政亂之本也自今以來羣臣無得奏事太后后族之家不得輔政

臣按曹魏行事鮮可法者獨此詔足以矯漢世之失故錄焉

唐武后城寓深痛柔恐不耻以就大事高宗謂能奉巳故援公議立之巳得志即盗威福施施無憚避帝久稍不平后召方士入禁中爲蠱祝宦人王伏勝發之帝怒召西臺侍郎上官儀使草詔廢之左右馳告

后后遽從帝自訴帝羞縮待之如初然猶意其恚且曰是皆上官儀教我后諷許敬宗構儀殺之初元舅（長孫無忌）大臣（褚遂良也）佛旨不閱歲屠覆道路目語及儀見誅則政歸房帷天子拱手矣羣臣朝四方奏章皆曰二聖每視朝殿中垂簾偶坐生殺賞罰惟所命當其忍斷雖甚愛不少隱也帝晚益病風不支天下事一付后帝將下詔遜位于后宰相郝處俊固諫乃止帝崩中宗即位尊爲皇太后稱遺詔軍國大務聽參決未幾廢帝爲廬陵王自臨朝立睿宗爲帝實囚之而諸武擅命武承嗣僞設洛水石號爲寶圖太后乃郊

上帝謝況自號聖母神皇宗室韓王元嘉等謀舉兵迎還中宗不克元嘉等自殺餘悉坐誅諸王牵連死滅殆盡雖嬰褓亦投嶺南太后身拜洛受圖令薛懐義與羣浮圖作大雲經言神皇受命事又有詭言周書武成篇辭有垂拱天下治爲受命之符后喜班示天下稍圖革命然畏人心不附乃陰忍鷙害肆斬殺怖天下内縱酷吏周興來俊臣等數十人爲爪吻有不慊若素疑憚者必危法中之宗姓侯王及他骨鯁臣將相駢頸就鈇血丹狴戶家不能自保太后保奩具坐重幃而國命移矣御史傅游藝率關内父老請

華命改帝氏爲武太后知威柄在已因大赦天下改國號周自號聖神皇帝以皇帝爲皇嗣立武氏七廟其後宰相張柬之等建策請中宗以兵入誅二張易之昌宗后所寵也請傳位中宗於是復即位徙太后上陽宮

唐史臣曰禮本夫婦詩始后妃治亂因之興亾係焉盛德之君雖薄嚴與褻謁不忓于朝外言不納諸梱闕睢之風行彤史之化修故淑範懿行更爲內助若夫豔嬖之興常在中主第禍既援則情與愛遷顏辭媚熟則事爲私奪乘易昏之明牽不斷之柔險言似忠故受而不詰醜行已效反狃而爲

奸雄類然不獨后與莽也如呂后從高帝之言用高帝之人尤爲至奸

好左右附之儉壬惎之狡謀鉗其悟先衰誓揵於寵初天下之事已去而恬不自覺此武韋所以遂簒弒而喪王室也韋氏中宗后弒帝

臣按昔之論武氏者多矣以臣觀之后之爲人絕類王莽莽初飾僞以釣名既得志而後肆其威虐后亦飾詐以徼寵既得志而後威虐行焉莽之簒也造符命收人情始而攝次而假久之遂爲眞矣后放而依之無一不然至其才術權數則十倍於莽故雖以無道行之而材能爲之用怨叛不敢發此又莽之所不及也吁天生尤

物以劉喪有唐之家國會高宗懦庸牝晨之鳴得以潛移神器化唐爲周然考其僭位財二十年而宗族屠翦殆無噍類向之黃其屋者乃所以爲赤族之地又曷若爲任爲姒不失聖后之名而本支百世永享無疆之福哉韋氏瑣瑣愚庸妄意踵武曾不旋踵身僇族夷不足錄云

以上論宮闈預政之戒

大學衍義卷之三十八 終

大學衍義卷之三十九

宋 學士 眞德秀 彙輯
明 史官 陳仁錫 評閲

齊家之要二

嚴內治

內臣忠謹之福

春秋左氏傳僖公二十四年。晉文公既入。文公。重耳也。呂郤畏偪。呂甥。郤芮。惠公之臣。畏爲文公所偪害。將焚公宮而弑晉侯。寺人披請見。寺人。內官。披。其名也。公使讓之。且辭焉。辭不見。曰。蒲城之役。君命一宿。女音汝。即至。君。謂晉獻公也。重耳在蒲城。獻公以驪姬之讒伐之。

重耳遂奔翟。其後余從狄君以田渭濱，女為惠公來求殺余。命女三宿。女中宿至。雖有君命，何其速也。夫袪猶在。袪衣也。披斬重耳之袪。女其行乎。對曰。臣謂君之入也，其知之矣。若猶未也。又將及難。君命無二。古之制也。除君之惡。唯力是視。蒲人狄人。余何有焉。言文公在蒲則蒲人。在狄則狄人。於我何有也。今君即位。其無蒲狄乎。齊桓公置射鉤而使管仲相。乾時之役。管仲射桓公。中帶鉤。君若易之。何辱命焉。言君若反齊桓之所為。已將自去。不須辱命。行者甚衆。豈惟刑臣。言一失人心。則去者多也。披閹人。故自謂刑臣。公見之。以難告。告呂郤欲焚公宮三月。晉侯潛會秦伯于王城。潛出以避呂郤之難己丑晦。公宮火。瑕甥即呂甥也郤芮不獲。公乃如河上。秦伯誘而殺之。

臣按。披可謂知君臣之義矣。方獻惠時。重耳爲公子在外。公使伐焉。若披有二心於重耳。豈得爲忠。丁公爲項羽將而私漢王。終以被戮。漢景帝爲太子而召衛綰。綰不往。以此見褒。披惟知此義。是以事獻惠時。知有獻惠而不知有文公。及文公既入。即吾君也。有難而不以告。又豈得爲忠乎。文公見之。遂免於難。觀其言曰。君命無二。古之制也。除君之惡。唯力是視。非賢而能之乎。此不惟内臣所當法。凡爲人臣皆所當法也。

漢元帝時史游爲黃門令。勤心納忠。有所補益。

臣按。漢藝文志。游有所著急就篇行於世。方是時。石顯以中人筦執樞機肆爲姦慝。而游乃勤心納忠。有所禆益。可謂賢矣。顯雖叨權竊寵卒不免竄流以死。千載之下讀其傳者。猶唾詈之。而游於侍從之暇。優游翰墨著爲小學之書。有補世用。身保寵祿。名垂方來。豈不美哉。豈不美哉

順帝時。中常侍良賀清儉退厚。位至大長秋。陽嘉中。詔九卿舉武猛。賀獨無所薦。帝問其故。對曰。臣生自

草茅長於宮掖既無知人之明又未嘗交接士類昔衛鞅因景監以見有識知其不終今得臣舉者匪榮伊辱固辭之

臣按晉文公得原邑名難其守問於寺人勃鞮以畀趙衰夫衰賢者也舉而得賢則勃鞮亦賢也後之議者猶以爲譏蓋中臣之職承侍左右從容納忠可也而薦引人才則非其職矣良賀能以景監薦商鞅爲非自謂得臣舉者匪榮伊辱賢矣哉後之中臣蓋有援引小人使預機政相與表裏以成其姦者皆賀之罪人也

呂强少以宦官爲小黄門再遷中常侍爲人清忠奉公靈帝時例封宦者以彊爲都鄉侯彊辭讓懇惻固不敢當帝乃聽之因上疏陳事曰諸侯上象四七下裂茅土高祖重約非功臣不侯所以重天爵明勸戒也中常侍曹節王甫張讓等並爲列侯宦官祐薄品卑人賤讒諂媚主佞邪徼寵疾妬忠良而陛下不悟妄授茅土開國承家小人是用陰陽乖刺罔不由兹又後宫綵女數千衣食之費日數百金民有饑色而莫之卹宫女無用填積後庭豈無憂怨又今外戚四姓貴倖之家及中官公族無功德者造起舘舍凡有

萬數樓閣連接丹青素堊雕刻之費不可單言喪塟踰制奢麗過禮競相放效穀梁傳曰財盡則怨力盡則懟師曠曰梁柱衣繡民無褐衣池有棄酒士有渴死廐馬秣粟民有饑色此之謂也又前召議郎蔡邕對問於金商門邕不敢懷道迷國切言極對陛下不密其言至令宣露羣邪膏脣拭舌競欲咀嚼造作飛條陛下曲受誹謗致邕刑罪室家徙放老幼流離豈不負忠臣哉今羣臣以邕爲戒上畏不測之難下懼劍客之害臣知朝廷不復聞忠言矣太尉段熲武勇冠世習於邊事而爲司隸校尉楊球所誣一身既斃

妻子違播天下惆悵功臣失望宜徵邕更授任反頻家屬則忠正路開衆怨以弭矣帝知其忠而不能用時帝多稸私藏收天下之珍每郡國貢獻先輸中署强上疏諫不省黃巾賊起帝問所宜施行强欲先誅左右貪濁者大赦黨人料簡刺史二千石能否帝納之乃先赦黨人諸常侍人人求退又各自徵還家親子弟在州郡者中常侍趙忠等遂共構强云與黨人共議朝廷數讀霍光傳帝不悅使中黃門持兵召强强怒曰吾死亂起矣丈夫欲盡忠國家豈能對獄吏乎遂自殺

臣按呂强雖處内侍之官。而有直臣之節。使當
時處以大長秋之任。必能振起綱維。肅清宫省。
使同類者相觀而化。皆爲忠良。而所事之主。適
皆昏庸。凡所開陳。一不之用。乃以讒誣交締。陷
之刑網。觀其慷慨就死。畧無惴懼之意。可謂烈
丈夫矣。或謂强之所職。非諫爭也。而乃譊譊不
已。毋乃侵官乎。是不然。古者官師相規。工執藝
事以諫。工猶可諫。況内侍乎。巷伯刺讒之詩。亦
寺人所作也。特不當招權撓政。然後爲侵官爾。
强雖坐直言以死。而千載之下。仰其芬烈。視彼

同時諸貂璫輩。賣弄福威。取快一時。終不免於大僇者。鳳凰鴟鴞。相去遠矣。

唐劉貞亮。本俱氏。名文珍。冒所養父改焉。性忠強。識義理。順宗立。淹痼弗能朝。惟李忠言牛美人侍。美人以帝旨付忠言。忠言授之王叔文。叔文與柳宗元等裁定。然後下中書。忠言素懦謹。每見叔文與論事無敢異同。唯貞亮乃與之爭。又惡朋黨熾結。因與中人劉琦薛文珍等。同勸帝立廣陵王爲太子監國。王即憲宗也帝納其奏。貞亮召學士衛次公鄭絪等。至金鑾殿草定制詔。太子已立。盡逐叔文黨。委政大臣。議者美

其忠憲宗之立貞亮爲有功然終身無所寵假

臣按劉貞亮之忠不減呂强至其排去姦邪之黨請立英明之嗣有功於唐之社稷又非强所及矣自昔人臣凡與援立者莫不以定策元勳自詭怙權徼寵雖以霍光之賢有不免焉貞亮内臣也既居近密又著勳勞而乃退然自處委政廟堂無秋毫侵紊豈不賢哉帝之立貞亮有功而終身無所寵假憲宗豈少恩者耶霍氏之誅正以寵過而驕之故憲宗於貞亮無所假者乃所以全之歟君臣之道於是乎兩得之矣

馬存亮元和時知內侍省事進左神策中尉軍所籍凡十餘萬存亮料柬尤精伍無罷士（罷當作疲）都無冗員

敬宗初染署工張韶與卜者蘇玄明善玄明曰吾嘗爲子卜當與殿食我與焉吾聞上晝夜獵出入無度可圖也韶每輸染材入宮衛士弗呵也乃陰結諸工百餘人匿兵車中若輸材者入右銀臺門約昏夜爲變有詰其載者韶謂謀覺殺其人出兵大呼成列時帝擊毬清思殿驚將幸右神策或曰賊入宮不知衆寡道遠可虞不如入左軍近且速從之初帝嘗寵右軍中尉梁守謙每游幸兩軍角勝帝多欲右勝而左

軍以爲望。至是存亮出迎。捧帝足泣。負而入。以五百騎往迎二太后。比至。而賊已斬關入清思殿。仗士拒之不勝。存亮遣左神策大將軍康藝全。右神策大將軍康志睦等。率騎兵討賊。射韶及玄明皆死。暹明。盡捕亂黨。左右軍清宮。車駕還。羣臣詣延明門見天子。存亮於一時功最高。乃推委權勢。求淮南監軍

太和中。中尉王守澄。誣宰相宋申錫謀立漳王湊。上甚怒。守澄欲即遣二百騎屠申錫家。存亮固爭曰。如此則京城自亂矣。宜召他相議其事。守澄乃止。後致仕。存亮逮事德宗。更六朝。資端畏。善訓士。唐世中人

以忠謹稱者。唯存亮、西門季玄、嚴遵美三人而已。

唐史臣曰。楚鄖公辛。不敢讐君而忘父冤。事見左傳昭愍之世。昭明敬宗謚兩軍寵遇有厚薄。而卒用存亮夷難。功莫及者。自古忠臣出於疏棄不用。葢多矣。存亮豈通記書道理之人邪。何其識君臣大義明甚。不尸大勞。畏權處外。又愈賢矣。

臣按存亮以一身扞人主之難。可謂忠矣。又以一言全宋申錫闔門之命。不幾於仁乎。嗚呼賢哉。

嚴遵美歷左軍容使。嘗歎曰。非司供奉官。以胯衫給事。今執笏過矣。樞密使無聽事。唯三楹舍。藏書而已。今堂狀帖黃決事。此楊復恭奪宰相權之過也。蓋疾時中官肆橫云。後從昭帝遷鳳翔。求致仕。後徵爲兩軍中尉。遵美曰。一軍尚不可爲。況兩軍乎。固辭不起。隱青城山。年八十餘卒。

臣按。嚴遵美之爲人。知分義明去就。蓋賢者也。方其時。爲樞密使爲中尉者。鮮不以怙權寵致覆敗。獨遵美抗冥鴻之志。投簪紱。隱山林。以壽考終。非賢而能之乎。臣是以表而出之

以上論內臣忠謹之福。臣按。歐陽修作五

代史記。敘後唐張承業本末。謂其事甚偉反復稱道之。迹其本末。如傳言不謬。顧其時與事。有不可爲後法者。故畧之。

嚴內治

內臣預政之禍

春秋左氏傳。僖二年。齊寺人貂始漏師于多魚。地名

杜預曰。寺人內奄官豎貂也。齊桓多嬖寵。內則如夫人者六人。外則幸豎貂易牙等。終以此亂國。傳言貂於此始擅貴寵。漏泄桓公軍事。爲齊亂張本齊亂事。見係國本篇

管仲縱其主以淫慾而自保富貴孔子小其器矣

臣按內臣之預軍政自此始方其時管仲相桓公霸諸侯功烈赫然而禍亂之本已潛伏於閨闥中曾莫之察故聖人作易以勿用取女爲戒其有旨哉

秦趙高者生而隱宮始皇聞其彊力通於獄法拜中車府令使教胡亥決獄胡亥幸之高有罪始皇使蒙毅治之毅當高法當死始皇以高敏於事赦之復其官（此引君當道志仁爲事君第一義也）二世即位趙高說以嚴法刻刑令有罪者相坐誅（否則高斯而已）滅大臣及宗室更爲法律務益刻深餘事已見姦臣篇漢石顯之屬放此

漢宦官傳序。范曄撰　曰易曰天垂象聖人則之宦者四星在皇位之側故周禮置官亦備其數閽者守中門之禁寺人掌王宮之戒其來尚矣漢襲秦制置中常侍官然亦用士人以參其選皆銀璫左貂給事殿省及高后稱制乃以張卿爲大謁者出入卧內受宣詔命文帝時有趙談北宫伯子頗見親倖至武帝數宴後庭或潛遊離館故請奏機事多以宦人主之中興之初宦官悉用閹人不復雜調他士永平中始置員中常侍四人小黄門十人和帝即阼幼弱而竇憲兄弟專總權威內外臣僚莫由親接所與居者惟閹宦而已。故鄭衆得專謀禁中。終除大憝。遂享分土之封。超登宮卿之位。於是中宮始盛焉。委用漸大。而其員稍增。中常侍至有十人。小黃門二十人。改以金璫右貂。兼領卿署之職。不得不委用刑人。寄之國命。手握王爵。口含天憲。非復掖庭永巷之職。閨牖房闥之任也。其後孫程定立順之功。曹騰參建桓之策。續以五侯合謀。梁冀受鉞。迹其公正。恩固主心。故中外服從。上下屏氣。舉動回山海。呼吸變霜露。阿旨曲求。則光寵三族。直情忤旨。則參夷五宗。漢之綱紀大亂矣。若夫高冠長劍。紆朱懷金者。布滿宮闈。苴茅分虎。南面臣人者蓋以十數皆剝割萌黎競恣奢欲同敝相濟故其徒有繁敗國蠹政不可單書所以海内嗟毒志士窮棲寇劇緣閒搖亂區夏因復大考鉤黨轉相誣染凡稱善士莫不離被災毒竇武何進位崇戚近乘九服之嚚怨協羣英之勢力而以疑留不斷至於殄敗斯亦運之極乎雖袁紹龔行芟夷無餘然以暴易亂亦何云及自曹騰說梁冀竟立昏弱魏武因之遂遷龜鼎（魏武曹操者曹嵩之養子嵩又騰之養子也）所謂君以此始必以此終信乎其然矣

和帝永元中竇憲兄弟專權帝以朝臣上下莫不附

事歸臺閣
權猶有所

憲。獨中常侍鄭衆。不事豪黨。遂與定議誅憲。鄭衆遷大長秋。帝策勳班貴。每辭多受少。帝由是賢之。嘗與議論政事。宦官用權自此始矣。

臣按。此東漢内臣預政之始也。鄭衆之爲人雖賢。於其徒然開端作俑。終爲漢世大患。豈非孝和之罪哉。

安帝永初元年。太尉徐防以災異寇賊策免。司空尹勤以雨水漂流策免。

仲長統昌言曰。光武慍數世之失權。忿強臣之竊命。矯枉過正。雖置三公。事歸臺閣。三公之職。備員

歸也

三公豈無然無過乎分任可也

而已。政有不治。猶加譴責。而權移外戚之家。寵被近習之儒。親其黨類。用其私人。內充京師。外布列郡。顛倒賢愚。貿易選舉。疲駑守境。貪殘牧民。怨氣並作。陰陽失和。此戚宦之臣所致然也。反策讓三公。至於死免。可謂嗷號泣血者矣。昔文帝之鄧通。可謂寵愛。而猶展申屠嘉之志。見任如此。何患於左右小臣哉。近世戚宦請託不行。立能陷人於不測之禍。惡可得而彈正哉。

二年。太尉楊震數論中常侍樊豐等罪。爲所譖。罷爲庶人。飲酖卒。

臣按是時宦官能譖殺大臣其權又盛於永元矣

安帝崩閻太后臨朝欲久專國政迎北鄉侯懿爲嗣濟陰王（安帝子已立爲儲嗣後爲閻顯等譖廢）以廢黜不得上殿親臨悲號不食未幾北鄉侯病篤中常侍孫程謂濟陰王謁長者長興渠曰王以嫡統本無失德先帝用讒遂至廢黜若北鄉侯不起相與共斷江京閻顯事無不成者渠然之北鄉侯薨顯白太后秘不發喪而更徵諸王子閉宮門屯兵自守程等聚謀迎濟陰王即位收閻顯等誅之封孫程等皆爲列侯程食邑萬戶是

爲十九侯。濟陰王立，是爲順帝。

臣按宦官至是以立君之功封侯者十九人，則其權又盛於永初矣。

順帝陽嘉二年夏六月丁丑，洛陽宣德亭地拆長八十五丈。帝引公卿所舉樸敦之士，使之對策及特問以當世之敝、爲政所宜。李固對曰：詔書所以禁侍中尚書中臣子弟不得爲吏、察孝廉者，以秉威權、容請託故也。而中常侍在日月之側，聲勢振天下，子弟祿任，曾無限極，雖外託謙默，不干州郡，而諂僞之徒望風進舉。今可爲設常禁，同之中臣。又宜罷退宦官，去其權重裁置常侍二人方直有德者省事左右小黃門五人才智閑雅者給事殿中如此則論事厭塞升平可致也上覽衆對以李固爲第一諸常侍叩頭謝罪朝廷肅然以固爲議郎宦官疾之作爲飛章以陷其罪事從中下久乃得釋出爲洛令固棄官歸漢中

四年春二月初聽中官得以養子襲爵初帝之復位宦官之力也由是有寵參與政事御史張綱上書曰竊尋文明二帝德化尤盛中官常侍不過兩人近倖賞賜裁滿數金惜費重民故家給人足而頃者以來無功小人皆有官爵非愛民重寵承天順道者也書

奏不省

臣按宦官權寵至此愈盛李固言之而獲辠張綱言之而不省其漸將有不可制者矣

桓帝延熹元年帝召小黄門史唐衡中常侍單超小黄門史左悺中常侍徐璜黄門令具瑗等五人共定議誅梁冀（誅冀事見後外戚傳）詔賞誅冀之功封單超徐璜具瑗左悺唐衡皆爲侯超食二萬戶璜等各萬餘戶世謂之五侯仍以悺衡爲中常侍自是權勢專歸宦官矣五侯尤貪縱傾動内外時災異數見白馬令李雲露布上言移副三府曰梁冀雖持權專擅虐流天下

令以罪行誅，猶召家臣搤殺之耳，而猥封謀臣萬戶以上。高祖聞之，得無見非？西北列將，得無解體？孔子曰：帝者，諦也。諦，審也。今官位錯亂，小人諂進，財貨公行，政化日損，尺一拜用，尺一，詔版也。不經御省，是帝欲不諦乎？帝得奏震怒，下有司逮雲，詔尚書都護劍戟送黃門北寺獄，使中常侍管霸與御史廷尉雜考之。時弘農五官掾杜衆傷雲以忠諫獲罪，上書願與雲同日死。帝愈怒，遂并下廷尉，皆死獄中，於是嬖寵益橫。

臣按：桓帝因宦侍而殺直臣，又併殺其論救者，於是亾國之兆見矣。

三年尚書朱穆疾宦官恣横上疏曰按漢故事中常侍參選士人建武以後乃悉用宦者自延平以來浸益貴盛假貂璫之飾處常伯之任天朝政事一更其手權傾海内寵貴無極子弟親戚並荷榮任放濫莫能禁禦窮破天下空竭小民愚臣以為可悉罷省遵復往初更選海内清淳之士明達國體者以補其處即兆庶黎萌蒙被聖化矣帝不納後穆因進見復口陳曰臣聞漢家舊典置侍中中常侍各一人省尚書事黄門侍郎一人傳發書奏皆用姓族自和熹太后以女主稱制不接公卿乃以閹人為常侍小黄門通

此不可行之説

命兩宫自此以來權傾人主窮困天下宜皆罷遣博選耆儒宿德與參政事帝怒不應穆伏不肯起左右傳出良久乃趨而去自此中官數因事稱詔詆毀之穆素剛不得意居無幾憤懣發疽卒

臣按桓帝寵宦孺而抑忠良李雲杜衆以此死於前朱穆又以是死於後亾國之政日促矣

初帝爲蠡吾侯受學於甘陵周福及即位擢福爲尚書時同郡河南尹房植有名當朝鄉人爲之謠曰天下規矩房伯武（植字）因師獲印周仲進（福字）二家賓客互相譏揣遂各樹朋徒漸成尤隙由是甘陵有南北部

黨人之議自此始矣汝南太守宗資以范滂爲功曹
南陽太守成瑨以岑晊爲功曹皆委心聽任使之褒
善糾違肅清朝府滂尤剛勁疾惡如讎滂甥李頌素
無行中常侍唐衡以屬資資用爲吏滂寢而不召郡
中中人莫不怨之宛有富賈張汎者與後宮有親又
善雕鏤玩好之物頗以賂遺中官以此得顯位用勢
縱横晊勸瑨收捕汎等既而遇赦瑨竟誅之小黃門
趙津貪横放恣爲一縣巨患太原太守劉瓆使郡吏
王允討捕亦於赦後殺之於是中常侍侯覽使張汎
妻上書訟寃宦官因緣譖訴瑨瓆帝大怒徵瑨瓆皆

下獄有司承旨奏瑨等罪當棄市太傅陳蕃等共請瑨瓆等罪帝不悅有司劾奏之蕃乃獨上疏曰寇賊在外四支之疾内政不理心腹之患前梁氏五侯毒徧海内天啓聖意收而戮之天下之議冀當小平明鑑未遠覆車如昨而近習之權復相扇結小黃門趙津大猾張汎等肆行貪虐姦媚左右前太原太守劉瓆南陽太守成瑨糾而戮之雖言赦後不當誅殺原其誠心在乎去惡而小人道長熒惑聖聽遂使天威爲之發怒必加刑謫已爲過甚况乃重罰令伏歐刀乎昔丞相申屠嘉召責鄧通雒陽令董宣折辱公主

而文帝從而請之。光武加以重賞。未聞二臣有專命之誅。而今左右羣豎。惡傷黨類。妄相交援。致此刑譴。聞臣是言。當復嗁訴陛下。深宜割塞近習與政之源。引納尚書朝省之士。簡練清高。斥黜佞邪。如是天和於上。地洽於下。休禎符瑞。豈遠乎哉。帝不納。宦官由此疾蕃彌甚。瑨瓆竟死獄中。瑨瓆素剛直。有經術。知名當時。故天下惜之。

河南張成善風角。推占當赦。教子殺人。司隸李膺督促收捕。既而逢宥獲免。膺愈懷忿疾。竟案殺之。成素以方伎交通宦官。帝亦頗信其占。宦官教成弟子牢

從容中道

修上書告膺等養太學遊士交結諸郡生徒更相驅馳共爲部黨誹訕朝廷疑亂風俗於是天子震怒班下郡國逮捕黨人布告天下使同忿疾案經三府太尉陳蕃郤之曰今所案者皆海內人譽憂國忠公之臣此等猶將十世宥也豈有罪名不章而致收掠者乎不肯平署帝愈怒遂下膺等於黃門北寺獄其辭所連及太僕杜密御史中丞陳翔及陳寔范滂之徒二百餘人或逃遁不獲皆懸金購募使者四出相望陳蕃復上書極諫帝諱其言切託以蕃辟召非人策免之永康元年陳蕃既免朝臣震栗莫敢復爲黨人

言者賈彪曰吾不西行大禍不解乃入雒陽說城門校尉竇武上疏曰陛下即位以來未聞善政常侍黃門競行譎詐妄爵非人伏尋西京佞臣執政終喪天下今不慮前事之失復尋覆車之軌臣恐二世之難必將復及趙高之變不朝則夕近者姦臣牢修造設黨議遂收前司隸校尉李膺等逮考及數百人曠年拘錄事無効驗臣惟膺等建忠抗節志經王室此誠陛下稷卨伊呂之佐而虛爲姦臣賊子之所誣枉天下寒心海内失望惟陛下留神澄省時見理出以厭人鬼喁喁之心如此咎徵可消天應可待書奏因以

病上還城門校尉槐里侯印綬霍諝亦爲表請帝意稍解使中常侍王甫就獄訊黨人范滂等皆三木囊頭暴於階下甫以次辨詰曰卿等更相拔舉迭爲脣齒其意如何滂曰仲尼之言見善如不及見惡如探湯欲使善善同其清惡惡同其汙謂王政之所願聞不悟更以爲黨古之修善自求多福今之修善身陷大戮身死之日願埋滂於首陽山側上不負皇天下不愧夷齊甫愍然爲之改容乃得並解桎梏李膺等又多引宦官子弟宦官懼請帝以天時宜赦六月庚申赦天下改元黨人二百餘人皆歸田里書名三

府禁錮終身

臣按黨議之興本由成瑨殺張汎劉瓆殺趙津爾姦豪驕恣爲民蠹賊二千石舉職奉法按而誅之亦何罪之有桓帝以嬖近之譖暴興大獄舉天下善士一網而空之使非宦官自爲身謀力請宜赦則二百餘人者皆爲東市之鬼矣然則帝非宥黨人乃宥宦官也然猶書名三府禁錮終身自古大無道之世所未有也

靈帝建寧元年以城門校尉竇武爲大將軍前太尉陳蕃爲太傅與武及司徒胡廣參錄尚書事巳亥解

輕銳易喜

濟亭侯宏至。即皇帝位。初竇太后之立也。陳蕃有力焉。及臨朝。政無大小。皆委於蕃。蕃與竇武同心戮力以奬王室。徵天下名賢李膺。杜密。尹勳。劉瑜等。皆列於朝廷。與共參政事。於是天下之士。莫不延頸想望太平。而帝乳母趙嬈及諸女尚書。旦夕在太后側。中常侍曹節王甫等。共相朋結。諂事太后。太后信之。故出詔命。有所封拜。蕃武疾之。嘗共會朝堂。蕃私謂武曰。曹節王甫等。自先帝時操弄國權。濁亂海内。今不誅之。後必難圖。武深然之。蕃大喜。武於是引同志尚書令尹勳等共定計策。會日有食之。蕃謂武可因此斤罷宦官以塞天變武乃白太后曰故事黄門常侍但當給事省内門戶近署財物耳今乃使與政事任重權子弟布列專爲貪暴天下匈匈正以此故宜悉誅廢以清朝廷太后曰漢元以來故事世有宦官但當誅其有罪者豈可盡廢時中常侍管霸頗有才略專制省内武先白收霸及中常侍蘇康等皆坐死武復白誅曹節等太后猶豫未忍宦官反誣蕃武奏白太后廢帝爲大逆乃夜召所親歃血共盟謀誅武等蕃武皆死遷太后於南宫於是羣小得志士大夫皆喪氣

臣按宦官之惡至是極矣然蕃武欲盡戮之毋乃已甚乎太后以爲但當去其有罪者斯言是也使蕃等因管霸既死之餘亟如太后指擇其罪之尤者戮一二人自餘或逐之外服或許之自新重整權綱勿使內臣預朝政則宮省穆然無事矣不此之爲而欲肆其屠翦使逆豨得反其鋒而用之豈天不祚漢乎何蕃武之賢而爲謀弗臧也嗚呼悲夫

初李膺等雖廢錮天下士大夫皆高尚其道而穢汙朝廷希之唯恐不及更共相標榜爲之稱號以竇武

陳蕃劉淑爲三君君者言一世之所宗也李膺杜密等爲八俊俊者言人之英也又有八顧八及八廚之目及陳竇用事復舉拔膺等陳竇誅膺等復廢宦官疾惡膺等每下詔書輒申黨人之禁侯覽怨張儉尤甚覽鄉人朱並素佞爲儉所棄承覽意指上書告儉與同鄉二十四人共爲部黨圖危社稷而儉爲之魁詔刊章捕儉等大長秋曹節因此諷有司奏諸鉤黨者故司空虞放及李膺杜密朱寓荀翌翟超劉儒范滂等請下州郡考治是時上年十四問節等曰何以爲鉤黨對曰鉤黨者即黨人也上曰黨人何用爲惡

而欲誅之耶。對曰。欲爲不軌。上曰。不軌欲如何。對曰。圖危社稷。上乃可其奏。或謂李膺曰。可去矣。對曰。事不辭難。罪不逃刑。臣之節也。吾年已六十。死生有命。去將安之。乃詣詔獄。考死。門生故吏並被禁錮。范滂詣獄。其母與之訣曰。汝今得與李杜齊名。死亦何恨。滂跪受教。再拜而辭。顧其子曰。吾欲使汝爲惡。惡不可爲。使汝爲善。則我不爲惡。行路聞之。莫不流涕。凡黨人死者百餘人。妻子皆徙邊。天下豪傑及諸學有行義者。宦官一切指爲黨人。有怨隙者。因相陷害。睚眦之忿。濫入黨中。州郡承旨。或有未嘗交關。亦罹禍

所謂亢龍有悔也

去亦不能免此

毒。其死徙廢禁者。又六七百人。郭泰聞黨人之死。私爲慟曰。詩云。人之云亡。邦國殄瘁。漢室滅矣。但未知瞻烏爰止。于誰之屋耳。

臣按。易之否。小人道長。君子道消。聖人以爲上下不交而天地無邦。無邦亡國之謂也。今黨人之死者。皆忠良志義之士。而靈帝所與共國者。不過十數姦倖之人。雖欲不亡。不可得已。郭泰之慟。不亦宜乎。

中常侍內應賊亦勢所必至

六年。鉅鹿張角反。以中常侍封諝徐奉等爲內應。中平元年。帝召羣臣會議。北地太守皇甫嵩。以爲宜解

猶畏上見之乎

黨禁。上問計於中常侍呂強。對曰。黨錮久積。人情怨憤。若不赦宥。輕與張角合謀。爲變滋大。悔之無救。帝懼而從之。遂赦天下黨人。還諸徙者。是時中常侍趙忠張讓等皆列侯貴寵。帝言張常侍是我公。趙常侍是我母。由是宦官無所憚畏。並起第宅。擬則宮室。上嘗欲登永安候臺。宦官恐望見其居處。乃使中大夫尚但諫曰。天子不當登高。登高則百姓虛散。上自是不敢復升臺榭。及封諝徐奉事發。上詰責諸常侍曰。汝曹常言黨人欲爲不軌。皆令禁錮。或有伏誅者。今黨人更爲國用。汝曹反與張角通。爲可斬未。皆叩頭

曰。此王甫侯覽所爲也。於是諸常侍人人求退。各自

有一呂強而不能用亦不能生之

徵還宗親子弟在州郡者。趙忠夏惲等。遂共譖呂強

自殺。郎中張鈞上書曰。竊惟張角所以能興兵作亂。

萬民所以樂附之者。其源皆由十常侍多放父兄子

弟。婚親賓客。典據州郡。辜榷財利。侵掠百姓。百姓之

寃。無所告訴。故聚爲盜賊。宜斬十常侍。縣頭南郊。以

謝百姓。遣使者布告天下。可不須師旅。而大寇自消。

不欲借此媒進

帝以鈞章示諸常侍。皆免冠徒跣頓首。乞自致雒陽

詔獄。並出家財以助軍費。有詔皆冠履視事如故。帝

怒鈞曰。此眞狂子也。十常侍固當有一人善者不。御

史承旨遂誣奏衕學黄巾道收掠死獄中

臣按靈帝平時以閹寺爲父母以忠賢爲仇讐故雖知中常侍之與賊通而不能誅知黨人之爲國用而不能湔祓任之也惛亂之君無足議者特以爲將來之監云

靈帝崩皇子協立何太后臨朝改元光熹大將軍何進秉朝政袁紹勸進悉誅宦官太后不從進用紹計多召四方猛將及諸豪傑使並引兵向京城以脅太后時并州牧董卓亦在召中侍御史鄭泰諫曰董卓强忍志欲無厭若借之朝命授以大事將恣凶欲必

危朝廷尚書盧植亦言不宜召卓進皆不從卓聞召即時就道進謀積日頗泄中官懼而思變張讓率其黨數十人持兵伏省戶下詐以太后詔召進入於是斬進紹引兵闕下捕趙忠等斬之遂閉北宮門勒兵捕諸宦者無少長殺之凡二千餘人或有無鬚而誤死者張讓等困迫將帝步出穀門夜至小平津公卿無得從者唯尚書郎盧植河南中部掾閔貢夜至河上貢厲聲質責讓等且曰今不速死吾將殺汝因手劍斬數人讓等惶怖投河死

臣按東漢宦官之禍起於鄭衆等之有功夫人

臣而有功夫豈不善而禍之起顧由此何哉葢婦寺之職均在中闈婉嫕淑謹婦之善者也柔順忠篤寺之善者也婦不貴於有能則寺亦豈貴於有功哉有功則寵寵則驕驕則橫雖欲無禍得乎故安順桓靈之世寺人之寵日甚寵盛則爲害愈深爲害深則被禍愈酷至於陳蕃竇武圖之而不勝漢以益亂袁紹圖之而勝漢遂以亾曹節王甫趙忠張讓之徒最其魁桀無一能全其首領者然則寵而驕驕而橫是乃殞身喪元之招也曷若史游良賀之徒優游終始無

所疵吝之爲得邪。吁。來者其尚鑑諸。

以上論内臣預政之禍

大學衍義卷之三十九終

增人殊服
色履霜而
冰矣

大學衍義卷之四十

宋　學士　眞德秀　彙輯

明　史官　陳仁錫　評閱

齊家之要二

嚴內治

內臣預政之禍

唐宦者傳序。太宗詔內侍省不立三品官。以內侍爲之長。階第四。不任以事。惟門閤守禦。廷內掃除。禀食而已。武后時稍增其人。至中宗黃衣乃二千員。七品以上。員外置千員。然衣朱紫者尚少。玄宗承平。財用

朱紫而黃

典兵之漸

監使之漸

肅代銳於行閒而目爲庸弱以此

富足。志大事奢。不愛惜賞賜爵位。開元天寶中。宮嬪大率至四萬。宦官黃衣以上三千員。衣朱紫千餘人。其稱旨者輒拜三品將軍。列戟于門。其在殿頭供奉委任華重。持節傳命。光焰殷殷動四方。所至郡縣奔走獻遺至萬計。監軍持權。節度反出其下。（不畏朝廷威有所分）於是甲舍名園上腴之田。爲中人所占者半京畿矣。肅代庸弱。倚爲扞衛。故輔國以尚父顯。元振以援立奮。朝恩以（不信泚亦不信）軍容重。然猶未得常主兵也。德宗懲艾泚賊。故以左（士大夫乎）右神策天威等軍。委宦者主之。置護軍中尉中護軍。分提禁兵。是以威柄下遷。政在宦人。舉手伸縮便有

正慮一爾

輕重至慓士奇材則養以爲子巨鎮疆藩則爭出我門小人之情猥險無顧藉又日夕侍天子狎則無威習則不疑故昏君蔽於所昵英主禍生所忽玄宗以遷崩憲敬以弑殞文以憂憤至昭而天下亡矣禍始開元極於天祐凶愎參會黨類殲滅王室從而潰喪譬猶灼火攻蠹蠹盡木焚渠不哀哉跡其殘氣不剛柔情易遷褻則無上怖則生怨借之權則專爲禍則迫而近緩相攻急相一此小人常勢也

范祖禹曰自古國家之敗未有不由子孫更變祖宗之舊也創業之君其得之也難故其防患也深

其慮之也遠故其立法也密後世雖有聰明才智之君高出羣臣之表然未若祖宗更事之多也夫中人之不可假以威權蓋近而易以爲姦也明皇不戒履霜之漸而輕變太宗之制崇寵宦者增多其員自是以後浸干國政其源一啓末流不可復塞唐室之禍基於開元書曰監于先王成憲其永無愆爲人後嗣可不念之哉

高力士者玄宗在藩力士傾心附結先天中以誅蕭岑等功爲右監門衛將軍知內侍省事於是四方奏請皆先省後進小事即專決雖洗沐未嘗出眠息殿

帷中。徼倖者願一。見如天人然。帝曰。力士當上。我寢
乃安。當是時。宇文融。李林甫。蓋嘉運。韋堅。楊愼矜。王
鉷。楊國忠。安祿山。安思順。高仙芝等。雖以才寵進。然
皆厚結力士。故能踵至將相。自餘承風附會。不可計。
皆得所欲。肅宗在東宮。兄事力士。他王公主呼爲翁。
戚里諸家尊曰爹。音遮。父也。帝或不名而呼將軍。帝幸蜀
力士從。帝進齊國公。從上皇徙西內。居十日。爲李輔
國所誣。除籍長流巫州。初太子瑛廢。武惠妃方嬖。李
林甫等皆屬壽王。帝以肅宗長意未決。居忽忽不食。
力士曰。大家不食。亦膳羞不具耶。帝曰。爾我家老。揣

我何爲而然。力士曰。嗣君未定耶。推長而立。孰敢爭。帝曰。爾言是也。儲位遂定。天寶中。邊將爭立功。帝嘗曰。朕春秋高。朝廷細務付宰相。蕃夷不龔付諸將。寧不暇耶。對曰。臣聞至閤門見奏事者言雲南數喪師。又北兵悍且彊。陛下何以制之。臣恐禍成不可禁。其指蓋謂祿山。帝曰。卿勿言。朕將圖之。十三年秋大雨。帝顧左右無人。卽曰。天方災。卿宜言之。力士曰。自陛下以權假宰相。法令不行。陰陽失度。天下事庸可復安。臣之鉗口其時也。帝不答。明年祿山反。力士善揣時事勢候相上下。雖親昵。至當覆敗。不肯爲救力。故

有因之以進者力士雖長流猶左右也

生平無顯顯大過。議者頗恨宇文融以來權利相賊。階天下之禍。雖有補益。弗相除去。

范祖禹曰。明皇不監石顯之事。而寵任力士。至使省決章奏。以萬機之重。委之閹寺。失君道矣。其後李林甫楊國忠皆因力士以進。迹其禍亂所從來者漸矣。傳曰。存亡在所任。人君可不詳其細哉。

臣按。唐世中人預國政。自明皇任高力士始。中人預軍政。自明皇用楊思勗討安南蠻始。思勗本不錄遂爲後世無窮之患。惜哉。

李輔國以閹奴爲閑廄小兒。肅宗爲太子。得侍東宮。

察事之始
盖自為耳
目人地

陳玄禮等誅楊國忠。輔國豫謀。又勸太子分中軍。趨朔方。收河隴兵。圖興復。太子至靈武。愈親近。勸遂即位。係天下心。擢家令。判元帥府。入軍司馬。肅宗稍稍任以股膂事。凡四方章奏。軍符禁寶。一委之。輔國能隨事齪齪。謹密。取人主親信。而内深賊。未敢肆。不啖葷。時為浮屠詭行。人以為柔良。不忌也。帝還京師。拜殿中監。宰相羣臣欲不時見天子。皆因輔國以請。乃得可。常止銀臺門決事。置察事聽兒數十人。吏雖有秋毫過。無不得。得輒推訊。州縣獄訟。三司制劾。有所捕建流降。皆私判臆處。因稱制敕。然未始聞上也。詔

以此深入

◎

書下。輔國署巳乃施行。羣臣無敢議。出則介士三百
人爲衞。貴幸至不敢斥官。呼五郎。李揆當國。以子姓
事之。號五父。李峴輔政。叩頭言且亂國。於是詔敕不
有死而巳有去而
繇中書出者。峴必審覆。輔國不悅。時太上皇居興慶
巳何惜
宮。妄言於帝。因刼遷上皇於西内。事巳見前父子篇輔國以
功遷兵部尚書。既得志。又求宰相。諷裴冕等使薦巳
可痛
帝密擿蕭華。使諭止冕。張皇后疾其顓權。帝寢疾。太
子監國。后召太子。將誅輔國及程元振。太子不從。后
更召越王兗王圖之。元振告輔國。即伏兵捕一王囚
之。而殺后於他殿。代宗立。輔國以定策功愈跋扈。至

謂帝曰。大家第坐宮中。外事聽奴處決。帝矍然欲翦除。而憚其握兵。因尊爲尚父。事無大小。率關白。羣臣出入。皆先詣輔國。輔國頗自安。又冊司空兼中書令。未幾。以彭體盈代爲閑廐羣牧苑內營田五坊等使。藥子昂代判元帥行軍司馬。賜大第於外。又詔進封博陸郡王。自輔國徙太上皇。天下疾之。帝在東宮。積不平。既嗣位。不欲顯戮。遣使者夜刺殺之。抵其首溷中。殊右臂告泰陵。然猶祕其事。刻木代首以葬。

范祖禹曰。李輔國本非龍馬家皁隸之流。肅宗尊寵而任之。委之以政。授之以兵。明皇以憂崩。已以

駭没張后二王以戮死上不保其父中不保其身下不保其妻子此近小人之禍也可不戒哉

臣按輔國有彌天之罪肅宗不能誅固可恥矣代宗誅之而不顯其僇亦不能無憾焉夫以一閹尹之流而寵之以宰相尊之以尚父自有中人以來未之有也其爲可醜不亦甚哉夫明皇始壞太宗之法以重中人而已之幽鬱殂謝乃出於中人之手爲明皇者固可戒矣輔國顛恣兩朝卒不免於肢體殊分投首厠溷之慘其亦何利耶臣故書之以爲人君邇姦者之戒又以

爲小人稔惡者之戒云。

程元振少以宦人直內侍省。張皇后謀立越王。元振見太子發其姦與李輔國助討難。立太子。是爲代宗拜右監門衛將軍。知內侍省事。判元帥行軍司馬。再遷驃騎大將軍。盡總禁兵。不踰歲權震天下。在輔國右。凶決又過之軍中呼十郎。裴冕與元振忤貶施州來瑱守襄漢有功。元振嘗諉屬不應。誣殺瑱。素惡李光弼數媒蝎以疑之。瑱等上將。冕光弼元勳。既誅斥方帥繇是攜解。廣德初。吐蕃黨項內侵。詔集天下兵無一士奔命者。虜寇便橋。帝蒼黃出居陝京師陷於

伉不惟敢言而能行其言亦會逢主上之怒乎不然幾事不密危哉

是太常博士翰林待詔柳伉上疏曰犬戎以數萬衆犯關度隴歷秦渭掠邠涇不血刃而入京師謀臣不奮一言武士不力一戰提卒叫呼刼宮闈焚陵寢此將帥叛陛下也自朝義之滅陛下以爲智力所能故疏元功委近習日引月長以成大禍羣臣在廷無一犯顏回慮者此公卿叛陛下也陛下始出都百姓塡然奪府庫相殺戮此三輔叛陛下也自十月朔召諸道兵盡四十日無隻輪入關者此四方叛陛下也陛下視今日病何繇至此乎天下之心乃恨陛下遠賢良任宦豎離間將相而幾於亡必欲存宗廟社稷獨

收拾人心
陸敬輿與
此疏得之

斬元振首，馳告天下，悉出內使，隸諸州，陛下持神策兵付大臣，然後削尊號，下詔引咎，率德勵行，屏嬪妃，任將相，如此而兵不至，人不感，請赤臣族以謝。疏聞，帝顧公議不與，乃下詔盡削元振官爵，放歸田里。帝還，元振衣婦衣私入京師，圖不軌，御史劾按，長流溱州，行至江陵死。

臣按：代宗非英主也，然能殺李輔國以攄二帝之憤，逐程元振以紓四方與諸將之怨，其眡肅宗之姑息，蓋少瘉焉。方二人之怙寵也，自謂無能孰何之者，及兵權既奪，官職既削，孤雛腐鼠，坐待誅斥亦何能爲以此觀之姦夫憸人苟非人主借以聲光未有能自跋扈者也既長其燄然後從而撲滅之所傷多矣曷若制之於初俾臣主兩全之爲得哉

魚朝恩者給事黄門至德初知内侍省事乾元二年命郭子儀等九節度討安慶緒肅宗以子儀光弼皆元勳難相統屬故不置元帥但以朝恩爲觀軍容宣慰處置使觀軍容之名自此始明年九節度之師六十萬潰於相州

范祖禹曰夙沙衛殿齊師夙沙衛齊之閹人事見左氏傳殖綽郭

最二人齊大夫曰子殿齊師齊之辱也夫以諸侯之師
使閹人殿之猶以爲辱況天子之師而使宦者爲
之主帥乎是辱天下之衆也且慶緒窮虜郭李不
世出之將使朝恩節制之猶不免於敗則庸人可
可知矣肅宗初復兩宮舉六十萬之衆棄之其不
云亦幸哉
代宗避吐蕃東幸衛兵離散朝恩悉軍迎華陰乘輿
六師乃振帝德之更號天下觀軍容處置使專領神
策軍賞賜不涯朝恩資小人恃功岍忽無所憚是時
郭子儀有定天下功居人臣第一朝恩心媢之乘相

州敗。醜爲詆諸肅宗。不納其語。然猶罷子儀兵。留京師。代宗立。與程元振一口加毀。帝未及寤。子儀憂甚。俄而吐蕃陷京師。卒用其力。王室再安。朝恩內慚。乃勸帝徙洛陽。欲遠夷狄。爲近臣所折。乃止。朝恩好引輕浮後生處門下。講五經大義。作文章。謂才兼文武。徼伺誤寵。永泰中。詔判國子監。會釋菜。執易升坐。言鼎有覆餗象。以侵宰相。王縉怒。元載怡然。朝恩曰。怒者常情。笑者不可測也。載銜之。未發。朝恩有賜墅。觀沼澄爽。表爲佛祠。爲章敬太后薦福。即后謚以名祠。許之。於是用度侈浩。乃壞曲江華淸諸宮館。及將相

妙用

意即前輕浮後生耶

故第妝其材佐興作費無慮萬億既數毀郭子儀不見聽乃遣盜發其先冢子儀詭辭自解以安衆疑神策都虞候劉希暹魁健能騎射最爲朝恩昵信希暹諷朝恩置獄北軍陰縱惡少年橫捕富人付吏考訊因中以法錄貲產入之軍皆誣服寃死故市人號入地牢朝廷裁決朝恩或不預者輒怒曰天下有不由我乎帝聞不喜養息令徽尚幼爲內給使服錄與同列爭忿歸白朝恩明日見帝曰臣之子位下願得金紫在班列上帝未答有司已奉紫服於前令徽稱謝帝笑曰小兒章服大稱滋不悅元載乃用散騎常侍

得着又失
看至今爲

崔昭判京兆，厚以財結其黨。皇甫溫、周皓。溫方屯陝，而皓射生將。自是朝恩隱謀奧語，悉爲帝知。希暹覺，帝指，密白太后。朝恩稍懼，然見帝接遇未衰，故自安。而潛計不軌，帝遂倚載決除之。後因寒食宴禁中，縊殺之，還尸其家。

臣按：朝恩之跋扈，亦代宗獎成之也。既而圖之，布置張設，如待敵國，僅能勝之。此可以爲戒，不可以爲法也。

竇文場、霍仙鳴者，始竝隸東宮，事德宗，未有名。自魚朝恩死，宦人不復典兵，帝以禁衛盡委白志貞。志貞

屬

庸將受富人金而宿將又若難制

多納富人金補軍。止收其庸而身不在軍。及涇師亂帝召近衛無一人至者。惟文場等率宦官及親王左右從至奉天。帝逐志貞。并左右軍付文場主之。帝自山南還兩軍復完。而帝忌宿將難制。故詔文場仙鳴分總之。廢天威軍入左右神策。是時竇霍權振朝廷。諸方節度大將。多出其軍。臺省要官。走門下丐援引者。足相躡藩鎮賂遺。累百鉅萬。略士妻女無所憚。久之。置護軍中尉中護軍各二員。詔文場爲左神策護軍中尉。仙鳴爲右中尉護軍。自文場等始。

臣按宦官常主兵柄自德宗始。然開其端又自

明皇肅代始四君者皆太宗之罪人與
憲宗時吐突承璀爲神策左軍中尉王承宗反以承璀爲行營招討處置等使以討之翰林學士白居易上奏以爲國家征伐當責成將帥近歲始以中使爲監軍自古及今未有徵天下之兵專令中使統領者也今神策軍既不置行營節度使即承璀乃制將也又充諸軍招討處置使即承璀乃都統也臣恐四方聞之必輕朝廷四夷聞之必笑中國陛下忍令後代相傳云以中官爲制將都統自陛下始乎上不聽後果無功還給事中段平仲等乞斬之上罷承璀中尉

典兵而遂謀弒且相踵也豈特疆場恥哉

降爲軍器使中外相賀

臣按以宦官掌征伐此明皇肅代之大失也憲宗中興亦踵其覆轍後世子孫謂憲宗之英武猶以中人爲制帥我其可違其後楊復恭田令孜皆主軍律趣唐於亡由祖宗貽謀之失也

憲宗末年左軍中尉吐突承璀謀立澧王惲爲太子上不許及上寢疾承璀謀尚未息上服金丹多躁怒左右宦官往往獲罪有死者人人自危正月暴崩於中和殿時人皆言内常侍陳弘志弒逆其黨類諱之不敢討賊但云藥發外人莫能明也中尉梁守謙與

諸宦官共立太子。殺承瓘。（太子立。是爲穆宗。）

臣按。唐世宦官弒君立君自此始。憲宗英主也。不知春秋書閽弒吳子餘祭之義。而昵近刑人。以殞其身。其失一。又不知顧命呂伋等逆子釗之事。而使嗣子之立。出宦者之手。其失二。以是觀之。人主其可以不學哉。

敬宗即位。遊戲無度。狎暱羣小。善擊毬。好手搏。禁軍及諸道爭獻力士。晝夜不離側。性復褊急。力士或恃恩不遜。輒配流籍沒。宦官小過。動遭捶撻。皆怨且懼。十二月。上夜獵還宮。與宦官劉克明。及擊毬軍將蘇

為此時之
劉蕡尤難

佐明等飲酒。上酒酣。入室更衣。殿上燭忽滅。蘇佐明等弒上於室內。劉克明矯稱上旨。以絳王悟權勾當軍國事。克明等。欲易置內侍之執權者。於是樞密使王守澄中尉魏從簡定議。以衛兵迎江王涵入宮。發左右神策飛龍兵追討賊黨盡斬之。江王立。是爲文宗

臣按唐世宦官弒君立君。於是再見矣。

自元和之末。宦官益橫。建置天子。在其掌握。威權出人主之右。人莫敢言。文宗大和二年。上親策制舉人。賢良方正劉蕡對策。極言其禍。其略曰。陛下宜先憂

者宮闈將變社稷將危天下將傾海內將亂又曰陛下將杜簒弒之漸則居正位而近正人遠刀鋸之賤親骨鯁之直輔相得以專其任庶職得以守其官柰何以褻近五六人總天下大政禍稔蕭墻姦生帷幄臣恐曹節侯覽復生於今日又曰忠賢無腹心之寄閽寺恃廢立之權陷先君不得正其終致陛下不得正其始又曰陛下何不塞陰邪之路屏褻狎之臣制侵陵迫脇之心復門戶掃除之役戒其所宜戒憂其所宜憂既不能治於前當治於後既不能正其始當正其終又曰陛下誠能揭國權以歸相持兵柄以歸

將則心無不達行無不孚矣又曰法宜晝一官宜正名令分外官中官之員立南司北司之局或犯禁於南則亡命於北或正刑於外則破律於中法出多門人無所措又曰今夏官不知兵籍止於奉朝請六軍不主兵事止於養勳階軍容合中官之政戎律附內臣之職首一戴武弁疾文吏如仇讎足一蹈軍門視農夫如草芥張武夫之威上以制君父假天子之命下以御英豪有藏姦觀釁之心無伏節死難之義又曰臣非不知言發而禍應計行而身戮蓋痛社稷之危哀生人之困豈忍姑息時忌竊陛下一命之寵哉

執政只少一去留此千古大恨

退宦貪官貴豈爲小嫌

賢良方正裴休等二十三人中第皆除官考官左散騎常侍馮宿等見蕡策皆歎服而畏宦官不敢取詔下物論囂然稱屈諫官御史欲論奏執政抑之（不避死誰敢抑）

胡寅曰蕡對策時執政大臣裴度韋處厚也二公累朝舊德因蕡有言置之高第請開延英召會公卿給舍諫官御史并貴常侍五六人陳太宗故事及近代之失咨訪厥中公議既合此五六人者必有自善之謀納兵之請因而處之以禮則不出中具大計定矣乃避遠小嫌失於事會其所繫豈小哉蕡所陳但欲復之於門戶掃除非有草薙禽獮

議論好行事不濟

奇險

之意事必可行惜乎裴韋讀之不詳思之不精也

四年上患宦官彊盛憲宗敬宗弑逆之黨猶有在左右者中尉王守澄尤專橫招權納賄上不能制嘗密與翰林學士宋申錫言之申錫請漸除其偪上以申錫沈厚忠謹可倚以事擢尚書右丞同平章事五年上與申錫謀誅宦官申錫引吏部侍郎王璠爲京兆尹以密旨諭之璠泄其謀鄭注王守澄知之陰爲之備上弟漳王湊賢有人望注令神策都虞候豆盧著誣告申錫謀立漳王守澄奏之上大怒遣中使召宰相至延英示以守澄所奏相顧愕眙上命守澄捕豆

盧著所告晏敬則王師文等於禁中鞫之師文亡命

三月申錫罷爲右庶子自宰相大臣無敢顯言其寃

者獨京兆尹崔琯大理卿王正雅連上疏請出內獄

付外廷覈實由是獄稍緩晏敬則等誣服上悉召師

保以下及臺省府寺大臣面詢之左常侍崔元亮等

復請對於延英乞以獄事付外覆按上屢遣之出不

退乃復召宰相入牛僧孺亦言申錫殆不至此鄭注

恐覆按詐覺乃勸請止行貶黜宋申錫開州司馬湊

巢縣公

臣按文宗可謂不明矣方與宰相謀以去宦官

宦官未去。乃用其讒以貶宰相。蓋挾撼而誣之。其情有不難察者。文宗乃一不之察。人君不明。可與忠謀也哉。

初宋申錫得罪。宦官益横。上外雖包容。内不能堪。翰林侍講學士李訓。太僕卿鄭注。既得幸。揣知上意。訓因進講。數以微言動上。上見其才辯。意訓可與謀大事。且以訓注皆因王守澄以進。冀宦官之不疑。遂密以誠告之。訓注遂以誅宦官爲已任。二人相挾。朝夕計議。所言於上無不從。聲勢烜赫。注多在禁中。或時休沐。賓客塡門。賂遺山積。外人但知訓注倚宦官擅

與任申錫同

尚可司諫否

作威福不知其與上有密謀也上之立也右領軍將軍仇士良有功王守澄抑之由是有隙訓注爲上謀進擢士良以分守澄之權五月以士良爲左神策中尉訓注爲上畫太平之策以爲當先除宦官上以爲信然寵任日隆八月以鄭注爲工部尚書充翰林侍講學士憲宗之崩也人皆言宦官陳弘志所爲時弘志爲山南東道監軍李訓爲上謀召之至清泥驛封杖殺之鄭注求爲鳳翔節度使李訓雖因注得進及勢位俱盛心頗忌注謀欲中外協勢以誅宦官故出注於鳳翔其實俟既誅宦官幷圖注也王守澄爲左

右神策觀軍容使兼十二衛統軍訓注爲上謀以虛名尊守澄實奪之權也已以舒元輿李訓竝同平章事仍命訓三二日一入翰林講易訓起流人期年致位宰相天子傾意任之天下事皆決於訓自中尉樞密近衛諸將見訓皆震慴迎拜叩首冬十月訓注密言於上請除王守澄遣中使李好古就第賜酖殺之於是元和之逆黨略盡矣十二月以大理卿郭行餘爲邠寧節度使以戶部尚書判度支王璠爲河東節度使以京兆尹羅立言權知府事以太府卿韓約爲左金吾衛大將軍始鄭注與李訓謀至鎭選壯士

數百皆持白棓懷其斧以爲親兵是月王守澄葬於滻水注奏請入護葬事因以親兵自隨仍奏令內臣中尉以下盡集滻水送葬注因闔門令親兵斧之使無遺類約既定訓與其黨謀如此事成則注專有其功不若使行餘璠以赴鎮爲名多募壯士爲部曲并用金吾臺府吏卒先期誅宦者行餘璠亦言約及中丞李孝本皆訓素所厚也故列置要地獨與是數人者與舒元輿謀之餘人不知也壬戌上御紫宸殿百官班定韓約奏左金吾聽事後石榴夜有甘露宰相帥百官稱賀訓元輿勸上親往觀之以承天貺上許

之百官退班於含元殿日加辰上乘軟輿出紫宸門升含元殿先命宰相及兩省官詣左仗視之良久而還訓奏臣與衆人驗之殆非眞甘露上顧左右中尉仇士良魚志弘帥諸官者往視之宦者既去訓遽召郭行餘王璠曰來受敕旨璠股栗不敢前獨行餘拜殿下時二人部曲數百皆執兵立丹鳳門外訓已先使人召之令入受敕獨東兵入邠寧兵竟不至仇士良等至左仗視甘露韓約變色流汗士良怪之曰將軍何爲如是俄風吹幕起見執兵者甚衆又聞兵仗聲士良等驚駭走出門者欲閉之士良叱之關不得

上。士良等奔詣上告變，訓見之，遽呼金吾衛士曰：來上殿衛乘輿者，人賞錢百緡。宦者曰：事急矣，請陛下還宮。即舉軟輿迎上，扶升輿，決後殿罘罳，疾趨北出。訓攀輿呼曰：臣奏事未竟，陛下不可入宮。金吾兵已登殿，羅立言帥京兆邏卒二百餘，李孝本帥御史臺從人二百餘，皆登殿縱擊宦官，流血呼冤，死傷者十餘人。乘輿入宣政門，訓攀輿呼益急，上叱之，宦官郗志榮奮拳毆其胸，偃於地，乘輿既入門，隨闔，宦官皆呼萬歲，百官駭愕散出。訓知事不濟，脫從吏綠衫衣之，走馬而出。士良等知上預其謀，怨憤，出不遜語，上惴懼不復言士良等命左右神策副使劉泰倫魏仲卿各帥禁兵五百人露刃出閤門逢人輒殺李訓奔鳳翔未至爲人所禽斬其首以來王涯王璠羅立言郭行餘賈餗舒元輿李孝本皆斬獨柳下親屬無問親疎皆死孩穉無遺時數日之間殺生除拜皆決於兩中尉上不豫知士良使人齎密敕授鳳翔監軍斬注滅其家士良等各進階遷官有差自是天下事皆決於北司宰相行文書而已

開成元年上自甘露之變意忽忽不樂兩軍毬鞠之會十減六七雖宴享音伎雜遝盈庭未嘗解顏閒居

或徘徊眺望或獨語歎息。

四年十一月上疾少間坐思政殿召當直學士周墀賜之酒因問曰朕可方前代何主對曰陛下堯舜之主也上曰朕豈敢比堯舜所以問卿者何如周赧漢獻耳墀驚曰彼亡國之主豈可比聖德上曰赧獻受制於彊諸侯今朕受制於家奴以此言之朕殆不如因泣下霑襟墀伏地流涕自是不復視朝

始士良弘志憤文宗與李訓謀屢欲廢帝崔慎由爲翰林學士宿直夜堂上謂慎由曰上不豫已久自卽位政令多荒闕皇太后有制更立嗣君學士當作詔

愼由驚曰上高明之德在天下安可輕議雖死不承命士良等默然久之啓後戶引至小殿帝在焉士良等歷階數帝過失帝俛首旣而士良指帝曰不爲學士不得更坐此乃送愼由出戒曰毋泄禍及爾宗愼由誌其事藏箱枕閒時人莫知將沒以授其子胤故胤惡中官終討除之蓋禍原於士良弘志云

臣按唐世宦官之禍至大和中已成沈痼之疾而訓注又以毒藥發之秪足以速禍亡而已事至於此明皇德宗安得不任其咎

德宗之爲晉王也小馬坊使田令孜有寵及即位使

知樞密遂擢爲中尉上時年十四專事遊戲政事一
委令孜呼爲阿父令孜頗讀書多巧數招權納賄除
官及賜緋紫皆不關白於上上與內園小兒狎昵賞
賜樂工伎兒所費動以萬計府藏空竭令孜說上籍
兩市商旅寶貨悉輸內庫有陳訴者付京兆杖殺之
宰相以下鉗口莫能言
是年寃句人黃巢反聚衆爲盜攻州縣橫行山東民
之困於重斂者爭歸之
廣明元年春二月左拾遺侯昌業以盜賊滿關東而
上不親政事專務遊戲賞賜無度田令孜專權無上

天文變異社稷將危上疏極諫上大怒召昌業至内侍省賜死。

黄巢入長安上幸興元。

中和元年春正月車駕至成都上日夕専與宦官同處議天下事待外臣殊疎薄左拾遺孟昭圖上疏曰夫天下者高祖太宗之天下非北司之天下天子者四海九州之天子非北司之天子北司未必盡可信南司未必盡無用豈天子與宰相了無關涉朝臣皆若路人如此恐收復之期尚勞宸慮尸祿之士得以宴安令孜屏不奏矯詔貶昭圖嘉州司戶遣人沉於

蓋頤津聞者氣塞而不敢言。

臣按是時巨盜方據國都而僖宗疏遠大臣惟宦者與處諫官言之職也而侯昌業既死於前孟昭圖復死於後雖欲不亡其可得乎

昭宗在藩邸素疾宦官及即位楊復恭恃援立功所爲多不法上意不平政事多謀於宰相孔緯等勸上舉大中故事抑宦者權復恭總宿衛兵專制朝政諸假子皆爲節度使刺史又養宦官子六百人皆爲監軍天下權勢皆歸其門其養子李順節既寵貴與復恭爭權盡以復恭陰事告上上乃出復恭爲鳳翔監

軍。復恭愠懟不肯行稱疾求致仕。以復恭爲上將軍致仕。或告復恭與假子守信謀反。上御安喜門陳兵自衛。命李順節等將兵攻其第。不能克。復恭挈其族走興元與楊守亮等同舉兵拒朝廷。後爲華州韓史兵所獲獻闕下。斬於獨柳。李茂貞獻復恭遺守亮書。訴致仕之由。云吾於荆榛中立壽王。即昭宗也纔得尊位廢定策國老有如此負心門生天子。

臣按。復恭以援立之功。恣爲不法。至其畔也。舉數鎮之兵以攻之。僅而能克。以家奴之賤。敢於拒捍如敵國。然自視爲定策國老。而目天子曰

謀去而知之禍靡速

負心門生自古中人之横未有其匹者然卒不能免獨柳之誅豈不足爲後人之戒哉（亦足爲附復恭之戒）

昭宗光化二年以吏部尚書崔胤同平章事充淸海節度使以司空門下侍郎同平章事王摶明達有度量時稱良相上素疾宦官樞密使宋道弼景務脩專横崔胤日與上謀去宦官宦官知之由是南北司益相憎疾各結藩鎭爲援以相傾奪摶恐其致亂從容言於上曰人君當務明大體無所偏私宦官擅權之弊誰不知之顧其勢未可猝除宜候多難漸平以道消息願陛下言勿輕泄致速姦變胤聞之譖摶於上曰

欲富貴則無所不至

王摶姦邪已爲道弼輩外應上疑之及胤罷相意摶
排己愈恨之及出鎭廣州遺朱全忠書具道摶語令
全忠表論之全忠上言胤不可離輔弼之地摶與敕
使相表裏同危社稷表連上不已上雖察其情迫於
全忠不得已復召胤爲司空門下侍郎同平章事摶
罷爲工部侍郎以道弼監荊南軍務脩監青州軍又
貶摶溪州刺史又貶崖州司戶道弼長流驩州務脩
長流愛州皆賜自盡於是胤專制朝政勢震中外宦
官皆側目不勝其憤初崔胤與上密謀盡誅宦官及
道弼務脩死宦官益懼上自華州還忽忽不樂多縱

酒。喜怒不常。左右尤自危。於是左軍中尉劉季述。右軍中尉王仲先。樞密使王彥範。薛齊偓等。陰相與謀曰。主上輕佻多變詐。難奉事。專聽任南司。吾輩終罹其禍。不若奉太子立之。尊主上爲太上皇。引岐華兵爲援。控制諸藩。誰能害我哉。上獵苑中。因置酒。夜醉歸。手殺黄門侍女數人。明旦日加辰巳。宮門不開。季述帥禁軍千人。破門而入。訪問具得其狀。出謂胤曰。主上所爲如是。豈可理天下。廢昏立明。自古有之。胤畏死不敢違。季述召百官。陳兵殿庭。作胤等姓名狀。請太子監國。以示之。使署名。胤及百官不得已皆署

之宦官扶上與后同輦嬪御侍從纔十餘人適少陽
院季述以銀撾畫地數上曰某時某事汝不從我言
其罪一也如此數十不止乃手鑰其門鎔鐵錮之使
人將兵圍守上動靜輒白季述穴牆以通飲食上求
錢帛俱不得求紙筆亦不與時大寒嬪御公主無衣
衾號哭聞於外季述等矯詔令太子嗣位季述等欲
誅崔胤而憚全忠但解其度支鹽鐵轉運而已胤密
胤亦傷於所恃以有全忠
致書全忠使與兵圖反正有鹽州雄毅軍使孫德昭
爲左神策指揮使自劉季述等廢上常憤惋不平崔
胤聞之遣判官石戩與之遊德昭每酒酣必泣戩知

其誠乃密以胤意說之。德昭謝曰。苟相公有命。不敢愛死。戩以白胤。胤割衣帶手書以授之。德昭復結右軍淸遠都將董彥弼。周承誨。謀以除夜伏兵安福門外以俟之。天復元年春正月朔。王仲先入朝。至安福門。孫德昭擒斬之。詣少陽院叩門呼曰。逆賊已誅。請陛下出勞將士。上與后毀扉而出。崔胤迎上御長樂門樓。帥百官稱賀。周承誨擒劉季述。王彥範繼至。方詰責。已爲亂梃所斃。薛齊偓赴井死。出而斬之。滅四人之族。并誅其黨二十餘人。以孫德昭同平章事。充靜海節度使。賜姓名李繼昭。崔胤進位司徒。上寵待

內臣預政之禍

胤益厚。以周承誨爲嶺南西道節度使。賜姓名李繼誨。董彥弼爲寧遠節度使。賜姓李。並同平章事。與李繼昭俱留宿衛十日。乃出還家。賞賜傾府庫。時人謂之三使相。丙午敕近年宰臣延英奏事。樞密使侍側。爭論紛然。既出。又稱上旨未允。復有改易。撓權亂政。自今並依大中舊制。候宰臣奏事畢。方得升殿承受公事。崔胤以宦官典兵。終爲肘腋之患。欲以外兵制之。諷茂貞留兵三千於京師。充宿衛。以茂貞假子繼筠將之。左諫議大夫韓偓以爲不可。胤不從。時上悉以軍國事委崔胤。每奏事。上與之從容。或至然燭。宦

患得是　處置不是

亦卽王摠之意

官畏之側目事無大小皆咨胤而後行。胤志欲盡除之。翰林學士韓偓屢諫曰。事禁太甚。此輩亦不可全無。恐其黨迫切。更生他變。胤不從。胤請上盡誅宦官。但以宮人掌內諸司事。宦官屬耳頗聞之。樞密使韓全誨等涕泣求哀於上。上乃令胤有事封疏以聞。勿口奏。宦官求美女知書者數人內之宮中。陰令詗察其事。盡得胤密謀。上不之覺也。全誨等大懼。每宴聚。流涕相訣別。日夜謀所以去胤之術。時朱全忠李茂貞各有挾天子令諸侯之意。全忠欲上幸東都。茂貞欲上幸鳳翔。胤知謀泄事急。遣朱全忠書。稱被密詔令全忠以兵迎車駕。全忠得書。遽歸大梁發兵。韓全誨等懼誅。謀以兵制上。乃與李繼昭。李繼誨。李彥弼。李繼筠。深相結。繼筠獨不肯從。冬十月全忠大舉兵發大梁。韓全誨聞全忠將至。令李繼誨等勒兵劫上幸鳳翔。全誨等令上入閣。召百官追寢。正月丙午。敕書如咸通以來近例。是日開延英。全誨等卽侍側同議政事。朱全忠至河中。表請車駕幸東都。韓全誨等陳兵殿前。言於上曰。全忠以大兵逼京師。欲劫天子幸洛陽。求傳禪。臣等請奉陛下幸鳳翔。收兵拒之。上不許。李彥弼已於御院縱火。是日冬至。上獨坐思政

殿庭。無羣臣。旁無侍者。不得已與皇后妃嬪諸王百
餘人皆上馬。慟哭聲不絕。出門回顧禁中。火已赫然。
朱全忠至鳳翔。軍於城東。上屢詔全忠還鎮。全忠乃
拜表奉辭。崔胤裴樞罷。二年四月。崔胤自華州詣河
中。泣訴於朱全忠。恐李茂貞刼天子幸蜀。宜以時奉
迎。勢不可緩。於是全忠再舉兵至鳳翔。李茂貞堅壁
不出。全忠以譎計誘致之。於是茂貞悉衆攻全忠營。
全忠縱兵擊之。又遣數百騎據其城門。鳳翔軍進退
失據。自蹈藉。殺傷殆盡。茂貞自是喪氣。始議與全忠
連和。謀誅宦官以自贖。遣全忠書曰。禍亂之興。皆由

全誨。僕迎駕至此。以備他盜。公既志匡社稷。請公迎扈還宮。僕以弊甲彫兵從公陳力。全忠復書曰。僕舉兵至此。正以乘輿播遷。公能協力。固所願也。丁酉。上召李茂貞等食。議與朱全忠和。上曰。十六宅諸王以下凍餒死者日有數人。在內諸王及公主妃嬪一日食粥。一日食湯餅。今亦竭矣。卿等意如何。皆不對。上曰。速當和解耳。三年春正月。李茂貞獨見上。中尉韓全誨等皆不得對。茂貞請誅全誨等。與朱全忠和解。奉車駕還京。上喜。即遣內養帥鳳翔卒四十人收全誨等斬之。遣使囊全誨等二十餘人首以示全忠曰

歸來脅留車駕懼罪離間不欲協和。皆此曹也。今朕
與李茂貞決意誅之。卿可曉諭諸軍。以豁衆憤。時鳳
翔所誅宦官七十二人。朱全忠又密令京兆搜捕致
仕不從行者。誅九十人。及還長安。全忠崔胤同對。胤
奏國初承平之時。宦官不典兵豫政。天寶以來。宦官
浸盛。貞元之末。以羽林衛爲左右神策軍。以便衛從。
始令宦官主之。以二千人爲定制。自是參掌機密。奪
百司權。上下彌縫。共爲不法。大則扇搖藩鎮。傾危國
家。小則賣官鬻獄。蠧害朝政。王室衰亂。職此之由。不
翦其根。禍終不已。請悉罷內諸司使。其事務盡歸之

省寺諸道監軍俱召還闕下。上從之。是日。全忠以兵驅宦官第五可範以下數百人於内侍省盡殺之。冤號之聲。徹於内外。其出使外方者。詔所在收捕誅之。止留黃衣幼弱者三十人以備灑掃。自是宣傳詔命。皆令宫人出入。其兩軍内外八鎮兵。悉屬六軍。以胤兼判六軍十二衛事。

司馬光曰。宦者用權。爲國家患。其來久矣。蓋以出入宫禁。人主自幼及長。與之親狎。非如三公六卿進見有時。可嚴憚也。其間復有性識儇利。語言辯給。善伺候顔色。承迎志趣。受命則無違迕之患。使令則有稱愜之效自非上智之主燭知物情慮患深遠侍奉之外不任以事則近者日親遠者日疏甘言悲辭之請有時而從浸潤膚受之愬有時而聽於是黜陟刑賞之政潛移於近習而不自知如飲醇酒嗜其味而忘其醉也黜陟刑賞之柄移而國家不危亂者未之有也東漢之衰宦官最名驕横然皆假人主之權依憑城社濁亂天下未有能刧脅天子如制嬰兒廢置在手東西出其意使天子畏之若乘虎狼而挾蛇虺如唐世者也所以然者非他漢不握兵唐握兵故也夫寺人之官自三

平論遠猷

王之世載於詩禮所以謹閨闥之禁通內外之言安可無也顧人主不當與之謀議政事進退士大夫使有威福足以動人耳果或有罪小則刑之大則誅之無所寬赦如此雖使之專權孰敢哉豈可不察臧否不擇是非欲草薙而禽獮之能無亂乎是以袁紹行之於前而董卓弱漢崔昌遐襲之於後而朱氏簒唐雖快一時之忿而國隨以亡是猶惡衣之垢而焚之患木之蠹而伐之其為害豈不益多哉孔子曰人而不仁疾之已甚亂也斯之謂矣

歐陽脩曰自古宦者亂人之國其源深於女禍女色而已宦者之害非一端也蓋其用事也近而習其爲心也專以忍能以小善中人之意小信固人之心使人主心信而親之待其已信然後懼以禍福而把持之雖有忠臣碩士列於朝廷而人主以爲去已疎遠不若起居飲食前後左右之親爲可恃也故前後左右者日益親則忠臣碩士日益疎而人主之勢日益孤勢孤則懼禍之心日益切而把持者日益牢安危出其喜怒禍患伏於帷闥則嚮之所謂可恃者乃所以爲患也患已深而覺之

欲與疎遠之臣圖左右之親近緩之則養禍而益深急之則挾人主以爲質雖有聖智不能與謀謀之而不可爲爲之而不可成至其甚則俱傷而兩敗故其大者亡國其次亡身而使姦豪得借以爲資而起至快其種類盡殺以快天下之心而後已此前史所載宦者之禍常如此者非一世也夫爲人主者非欲養禍於內而疎忠臣碩士於外蓋其漸積而勢使之然也夫女色之惑不幸而不悟則禍斯及矣使其一悟捽而去之可也宦者之爲禍雖欲悔悟而勢有不得而去也唐昭宗之事是矣

故曰深於女禍者謂此也可不戒哉

臣按漢唐之宦侍其忠謹自持者未嘗不獲福其驕恣預政者未嘗不罹禍人主而知此則能全其國國全則家亦全矣內臣而知此則能全其身身全則國亦全矣故具著之云

以上論內臣預政之禍

大學衍義卷之四十

◎

大學衍義卷之四十一

宋　學士　眞德秀　彙輯
明　史官　陳仁錫　評閱

齊家之要三

定國本

建立之計宜蚤

春秋莊六年九月丁卯子同生。

胡安國曰。經書子同生。所以正國家之本。防後世配嫡奪正之事。垂訓之義大矣。此世子也。其不曰世子何也。天下無生而貴者。誓於天子。然後爲世子。

臣按賈誼之書有曰。勢明則民定而出於一道。故人爭爲宰相而不姦爲世子。非宰相尊而世子卑也。不可以智求。不可以力爭也。臣謂古者之生世子。則已表而揚之。使國人皆知之。所以繫衆望也。是則國本之定。不在於建儲之日。而已定於始生之初。此春秋於子同之生。必謹而書之也。

僖十七年。齊侯之夫人三。王姬。徐嬴。蔡姬。皆無子。齊侯好内。多内寵。内嬖如夫人者六人。長衛姬生武孟。

及其身而止定霸之才如斯耳

武孟。公子無虧。少衛姬生惠公。公子元鄭姬生孝公。公子昭葛嬴生昭公。公子潘密姬生懿公。公子商人宋華子生公子雍。華氏之女子姓公與管仲屬孝公於宋襄公。以爲太子。雍巫有寵於衛共姬。因寺人貂以薦羞於公。雍巫。雍人名巫。即易牙。亦有寵。公許之立武孟。易牙既有寵於公。爲長衛姬請立武孟。管仲卒。五公子皆求立。冬十月乙亥。齊桓公卒。易牙入與寺人貂因內寵以殺羣吏。內寵。內官有權寵。而立公子無虧。孝公奔宋。十八年春。宋襄公以諸侯伐齊。三月。齊人殺無虧。以說宋齊人將立孝公。不勝四公子之徒。遂與宋人戰。無虧已死。故曰四公子。夏五月。宋敗齊師于甗。立孝公而還

建立之詳宜參

臣按管仲相桓公。霸諸侯。匡天下。而身歿未幾。五公子爭立。國內大亂垂二十年。以不蚤定之故也。其所以不蚤定者。溺愛於少子故也。蓋桓公君臣知以富國彊兵爲急。而不知修身齊家之本。故其禍卒兆於此。可不戒諸。

史記齊景公適子死。寵妾芮姬生子荼。荼少。其母賤無行。諸大夫恐其爲嗣。乃言願擇諸子長賢者爲太子。景公老。惡言嗣事。又愛荼母。欲立之。憚發之口。乃謂諸大夫曰。爲樂耳。國何患無君乎。秋。景公病。命國惠子高昭子立少子荼爲太子。逐羣公子。景公卒。太子荼立是爲晏孺子羣公子畏誅皆出亡晏孺子元年田乞齊大夫攻高昭子殺之乃使人之魯召公子陽生陽生至齊匿田乞家十月田乞請諸大夫曰常之母有魚菽之祭幸來會飲田乞盛陽生橐中置坐中發橐出之曰此齊君也鮑牧怒曰子忘景公之命乎諸大夫相視欲悔陽生前頓首曰可則立之否則已鮑牧恐禍起乃復曰皆景公子也何爲不可乃與盟立陽生是爲悼公悼公入宮使人遷晏孺子於駘殺之而逐孺子母芮子芮子故賤而孺子少故無權國人輕之

分國以弱國主父偃本此

臣按景公之失亦由嗣子不蚤定之故其所以不蚤定者以私欲立荼之故也雖高國二臣曲從其亂命而適以啓田乞之姦心殺荼而立陽生齊國之政遂歸田氏不再傳而田氏代齊矣吁可戒哉

魏武侯卒子罃與公中緩爭爲太子韓懿侯與趙成侯并兵以伐魏乘其國內亂而爭伐之戰於濁澤魏氏大敗趙謂韓曰除魏君立公中緩割地而退我且利韓曰不可殺魏君人必曰暴割地而退人必曰貪不如兩分之魏分爲兩不強於宋衛則我終無魏之患矣趙不

溢於至誅在文帝則可

聽。韓不悅。以其步卒夜去。惠王之所以身不死國不分者。二家謀不和也。若從一家之謀。則魏必分矣。故曰。君終無適子。其國可破也。

臣按適嗣之不蚤立。敵國之資也。故書之以爲戒云。

漢文帝元年正月。有司言曰。蚤建太子。所以尊宗廟也。請立太子。上曰。朕既不德。上帝神明未歆享。天下人民未有嗛志。嗛音愜 今縱不能博求天下賢聖有德之人而禪天下焉。而曰豫建太子。是重吾不德也。謂天下何。其安之。有司曰。豫建太子。所以重宗廟社稷。

不忘天下也。上曰。楚王季父也。春秋高。閱天下之義理多矣。明於國家之大體。吳王於朕兄也。惠仁以好德。淮南王弟也。秉德以陪朕。豈爲不豫哉。諸侯王宗室昆弟有功臣多賢及有德義者。若舉有德以陪朕之不能終。是社稷之靈。天下之福也。今不選舉焉。而曰必子。人其以朕爲忘賢有德者而專於子。非所以憂天下也。朕甚不取。有司皆固請曰。古者殷周有國治安皆千餘載。古之有天下者莫不長焉。用此道也。立嗣必子。所從來遠矣。高帝親率士大夫始平天下。建諸侯。爲帝者太祖。諸侯王及列侯始受國者皆亦

出於漢臣爲正論

爲其國祖子孫繼嗣世世弗絕天下之大義也故高帝設之以撫海内今釋宜建而更選於諸侯及宗室非高帝之志也更議不宜子啓最長純厚慈仁請建以爲太子上乃許之太子立是爲景帝

臣按文帝以謙力辭而有司以誼固請然後文帝屈而從之君臣之間可謂兩得矣

以上論建立之計宜蚤或曰國本之宜蚤建固也然在位久而繼嗣未生如之何曰本朝則有故事矣仁宗皇帝春秋四十有四

聖嗣未立。張述以太常博士請遴擇宗親才而賢者。異其禮秩。試以職務。俾內外知聖心有所屬。皇祐五年其後范鎮以諫官言之。嘉祐元年趙抃以御史言之。同上司馬光以并州通判亦言之。同上自是文彥博。歐陽修。王堯臣。吳奎。諸臣莫不言者。迄賴韓琦而後定焉。太山磐石之基。於是乎壯。吁。此我

祖

宗公天下之心。三代以來之所未有者也。

因傳著于此云。臣伏見

高宗皇帝建炎三年。元懿太子薨。布衣李時雨乞於皇族中擇宗室之賢者一人使視皇子。以係四海之望。是時高宗年甫二十有三耳。不以太蚤爲忤也。

追紹興元年。張浚言之。婁寅亮又言之。上讀寅亮之章。於是大悟。越五年。孝宗皇帝育建國之邸。是高宗以二十五而定議。二十九而錫命也。其爲宗社之計尤蚤於仁祖也。於乎懿哉。

定國本

諭教之法宜豫

文王世子。禮記篇名 凡三王教世子。必以禮樂。樂所以修內也。禮所以修外也。禮樂交錯於中。發形於外。是故。其成也懌。懌說 恭敬而溫文。立太傅少傅以養之。欲其知父子君臣之道也。太傅審父子君臣之道以示之。少傅奉世子以觀太傅之德行而審喻之。太傅在前。少傅在後。謂其入學時。 入則有保。出則有師。謂燕居出入時 是以教喻而德成也。以有四人維持之。 師也者。教之以事而喻諸德者也。保也者。慎其身以輔翼之而歸諸道者也。慎其身者謂安護之。記曰虞夏商周有師保有疑丞設四輔及三公不必備謹唯其人語使能也君子曰德成而教尊教尊而官正官正而國治君之謂也仲尼曰昔者周公攝政踐阼而治抗世子法於伯禽伯禽周公長子所謂魯公者也所以善成王也是故知爲人子然後可以爲人父知爲人臣然後可以爲人君知事人然後能使人成王幼不能涖阼阼階人君之位言成王幼未能涖君位也以爲世子則無爲也言既爲王矣又不可用世子之禮是故抗世子法於伯禽使之與成王居亦學此學於成王側欲令成王之知父子君臣長幼之義也君之於世子也親則父也尊則君也有父之親有君之尊。然後兼天下而有之。是故養世子不可不慎也。行一物而三善皆得者。唯世子而已。其齒於學之謂也。物猶事也故世子齒於學。國人觀之曰。將君我而與我齒讓何也。曰。有父在則禮然。然而衆知父子之道矣。其一曰。將君我而與我齒讓何也。曰。有君在則禮然。然而衆著於君臣之義也。其三曰。將君我而與我齒讓何也。曰。長長也。然而衆知長幼之節矣。故父在斯爲子。君在斯謂之臣。居子與臣之節。所以尊君親親也故學之爲父子焉。學之爲君臣焉。學之爲長幼焉。父子君臣長幼之道得而國治。語曰。樂正司業。父師司成。

一有元良萬國以貞世子之謂也。司主也。一人。元大。良善也。貞正也。

臣按三王之教世子必以禮樂者。禮所以起人之敬心。敬心生則慢心窒矣。樂所以感人之和心。和心生則戾心消矣。其薰陶德性變化氣質莫妙於此者。然樂雖修內由內以達外。禮雖修外由外以入中。二者醞釀涵暢相與無間。故其成也。但見其悅懌而已。恭敬溫文而已。恭者敬之發於外者也。敬者恭之主於中者也。溫則不暴。文則不野。此皆教之以禮樂之功也。然禮樂者教之之具。而師傅者教之之人。故立太傅少傳以養之。養者從容啓迪以養其本然之善。使之自然開悟也。然其道無他。不過父子君臣之大倫而已。太傅以審示言。謂修於身以示之也。少傅以審喩言。謂開説其義以曉之也。太傅少傅所以教者雖同。然太傅以身教。少傅以言教。二者蓋互相發也。以一世子之身而太傅在前。少傅在後。入有保。出有師。四人者扶持而左右之教。安得不達德。安得不成哉。師者教世子以事而喩諸德。謂教之以事親之事。則知孝之德教之以事長之事。則知弟之德。天下無事外之

養之妙觀之更妙

德也保則安護世子之身輔之翼之使歸諸道。耳目口體不以欲而動即所謂道天下無身外之道也古者所謂師保其職蓋如此周公抗世子法於伯禽者蓋成王雖幼已爲君矣不可復以教世子者教之惟以教世子者教伯禽使成王觀之是乃所以善成王也傳言成王有過則撻伯禽成王不可撻也撻伯禽則成王知警矣。然周公之所以教者亦不過爲人子爲人臣與事人之道而已能此三者則他可類推矣古者天子公侯卿大夫士之子皆入于學而世子與之齒遜焉夫天子之世子將爲君者也而乃與公侯卿大夫士之子以齒爲後先何哉君在故也父在故也長長故也身爲世子而以尊君親親敬長之道爲天下倡人其有不翕然視効者哉秦漢以來禮樂既廢而又無師保之教齒胄之禮世子生而狃於貴驕之習此篇雖存無復有考之者矣此治之所以不古若與

保傅篇 漢賈誼作 夏爲天子十有餘世而殷受之殷爲天子二十餘世而周受之周爲天子三十餘世而秦受之秦爲天子二世而亡人性不甚相遠也何三代之

有三公如召公周公太公者可以置少

君有道之長而秦無道之暴其故可知也古之王者太子迺生固舉以禮使士負之有司齊肅端冕見之南郊見于天也（謂三月朝也）過闕則下（敬君典法之處）過廟則趨孝子之道也故自為赤子而教固已行矣周成王幼在襁褓之中召公為太保周公為太傅太公為太師保保其身體（保謂安守之）傅傅之德義（傅輔也）師導之教訓此三公之職也於是為置三少皆上大夫也（卿也謂三公也）曰少保少傅少師是與太子宴者也故迺迺孩提有識（迺猶也）三公三少固明孝仁禮義以導習之逐去邪人不使見惡行於是皆選天下之端士孝悌博聞有道

術者以衛翼之使與太子居處出入故太子迺生迺始也而見正事聞正言行正道左右前後皆正人也夫習與正人居之不能毋正猶生長於齊不能不齊言也習與不正人居之不能毋不正猶生長於楚不能不楚言也故擇其所嗜必先受業迺得嘗之擇其所樂必先有習迺得爲之恐其懈惰故以所味好而誘之孔子曰少成若天性習貫如自然貫與慣同及太子少長知妃色妃色妃匹之色則入于學承師問道退習而考於太傅太傅罰其不則而匡其不及則德智長而理道得矣及太子既冠成人免於保傅之嚴則有記過之史徹膳之宰進

善之旌。誹謗之木。敢諫之鼓。瞽史誦詩。瞽無目者也 工誦箴諫。工樂人也瞽官長誦謂隨其過誦詩以諷 大夫進謀。士傳民語。習與智長。故切而不媿。謂習聞規誨與智俱長故諫之雖切亦能受之而不媿恨也 化與心成。故中道若性。言教化與心俱成故所爲皆合於道如性自然也 三代之禮。天子春朝朝日。秋暮夕月。所以明有敬也。春秋入學。坐國老。執醬而親饋之。所以明有孝也。行以鸞和。鸞和車上鈴 步中采齊。樂詩名也字或作薺又作茨 趨中肆夏。亦樂詩名趨讀曰趣 所以明有度也。其於禽獸。見其生不忍其死。聞其聲不食其肉。故遠庖廚。王繅曰血氣之類弗身踐 所以長恩。且明有仁也。夫三代之所以長久者。以其輔翼太子有此具也。及秦而不然。其俗固非貴辭讓也。所上者告訐也。固非貴禮義也。所上者刑罰也。使趙高傅胡亥而教之獄。趙高宦者秦中車府令胡亥始皇少子二世也所習者非斬劓人則夷人之三族也。故胡亥今日即位而明日射人。忠諫者謂之誹謗。深計者謂之妖言。其視殺人若艾草菅。艾讀曰刈菅茅也音姦豈惟胡亥之性惡哉。彼其所以道之者非其理故也。鄙諺曰。不習爲吏。視已成事。觀前成事也又曰。前車覆。後車誡。夫三代之所以長久者。其已事可知也。然而不能從者。是不法聖知也。秦世所以亟絕者。其轍跡可見也。亟急也車跡曰轍然而不避。是後車又將覆也。夫存亡之變。治亂之機。其要在是矣。天下之命懸於太子。太子之善。在於早諭教與選左右。諭曉告也與猶及也夫心未濫而先諭教。則化易成也。開於道術。知義理之指。則教之力也。若其服習積貫。則左右而已。胡粵之人。生而同聲。嗜欲不異。及其長而成俗。累數譯而不能相通者。有雖死而不能相為者。則教習然也。言習俗之殊。終身不變。雖至於死而不能相放効故曰選左右教最急。夫教得而左右正。則太子正矣。太子正而天下定矣。

臣按保傅之篇。雖漢賈誼所作。大抵古之遺言也。欲知教諭之方者。文王世子其首。而此篇次之。無餘蘊矣。

周文王使太公望傅太子。及嗜鮑魚而太公弗與。曰禮鮑魚不登於俎。豈有非禮而可以養太子哉。

臣按古人之教太子。其嚴如此。可以爲萬世法矣。

漢晁錯學申商刑名。孝文時詔太常遣錯授尚書伏生所。因上書言人主所以尊顯功名。揚於萬世之後者。以知術數也。故人主知所以臨制臣下而治其衆。則羣臣畏服矣。知所以聽言授事。則不欺蔽矣。知所以安利萬民。則海內必從矣。知所以忠孝事上。則臣子之行備矣此四者臣竊爲皇太子急之人臣之議或曰皇太子亡以知事爲也臣之愚誠以爲不然竊觀上世之君不能奉其宗廟而刼殺於其臣者皆不知術數者也皇太子所讀書多矣而未深知術數者不問書說也夫多誦而不知其說所謂勞苦而不爲功臣竊觀皇太子材智高奇馭射伎藝過人絕遠然於術數未有所守者以陛下爲心也竊願陛下幸擇聖人之術可用今世者以賜皇太子因時使太子陳明於前唯陛下裁察上善之於是拜錯爲太子家令

適以殺其身與韓非同學之不可不端如是

臣按錯與賈誼皆所謂明申韓者也誼之論教

太子一出於孝仁禮義而錯專以術數爲言其醇駁之異如此詎可同日語哉文帝擇東宮之傅卒舍誼而用錯焉豈非帝之學出於黃老故於錯之言有以深契其心歟且是時錯方受書伏生所伊傅周召之言固嘗聞之矣而非䟽所陳無一語與之合者豈所受者唯訓詁章句而於義理初未嘗玩而繹之故邪其後錯事景帝建爲削地之議遂召七國之變其原葢兆於此然則世之任輔導之責者不開之以理義而誘之以數術未有不誤事而基禍者也

武帝爲太子據立博望苑使通賓客從其所好故賓客多以異端進者（據被讒事已見前讒臣篇）

司馬光曰古之明王教養太子爲之擇方正端良之士以爲保傅師友使朝夕與之遊處左右前後無非正人然猶有淫放邪僻而陷於禍敗者焉今乃使太子自通賓客從其所好夫正直難親諂諛易合此固中人之情宜太子之不終也

晉元帝立子紹爲太子帝好刑名家以韓非子賜太子庾亮諫曰申韓刻薄傷化不足留聖心太子納之（太子是爲明帝）

臣按申韓之學非惟刻薄而已且導人君以驕淫放恣李斯嘗以誤二世矣豈可以教儲貳者耶庾亮雖清談之徒然斯言則有益於世故取焉

陳宣帝太子叔寶欲以左戶部尚書江總爲詹事令管記陸瑜言於吏部尚書孔奐奐謂瑜曰江有潘陸之華（謂潘岳陸機皆前世文士也）而無園綺之實（謂四皓中園公綺里季也）輔弼儲宮竊有所難太子自言於帝帝將許之奐奏曰江總文章之士今皇太子文華不少豈藉於總如臣愚見願選敦重之才以居輔導之職帝卒以總爲詹

事項之總與太子為長夜之飲。太子亟徵行遊總家。
上怒免總官。
臣按孔奐之言可謂忠矣。叔寶資雖闇劣。然使得端良忠信之士。輔而翼之亦未必無補。乃如叔寶之請。竟用江總。其後即位。以總等為狎客。酣醟（音詠）流連。竟以亡國。蓋文士多浮華而少實。以之居輔導之職。其有損無益也宜哉。
憲宗元和初。右拾遺元稹以貞元中。王伾王叔文以伎術得幸東宮。永貞之際幾亂天下。上書勸上早擇修正之士。使輔導諸子。以為太宗自藩王與文學清修之士十八人居後代太子諸王雖有僚屬日益疎賤至於師傅之官非耗聵癃疾不任事者則休戎罷帥不知書者有之其友諭贊議之徒尤爲冗散之甚搢紳皆耻由之就使得僻儒老生越月踰時僅獲一見又何暇傳之德義納之法度哉夫以匹士愛其子猶知求明哲之師而教之况萬乘之嗣繫四海之命乎上頗嘉納其言

臣按元稹欲爲太子諸王簡僚屬其論當矣憲宗雖頗嘉納然其後立遂王爲儲貳未聞妙選一時之賢俊以充輔導之職也嗣立未幾游畋

聲色無所不有。卒隳元和已成之業。吁可惜哉

以上論諭教之法宜豫

大學衍義卷之四十一 終

戊午九月三日一見加朱　[illegible]

大學衍義

四十二之三

終

大學衍義卷之四十二

宋　學士　眞德秀　撰

明　史官　陳仁錫　評閱

齊家之要二

定國本

嫡庶之分宜辨

春秋左氏傳桓十八年。周公欲弑莊王而立王子克。莊王，桓王太子。王子克，莊王弟子。辛伯告王。遂與王殺周公黑肩。王子克奔燕。辛伯，周大夫。初子儀有寵於桓王。桓王屬諸周公。辛伯諫曰。竝后妾如后、匹嫡庶如嫡、兩政臣擅命、耦國都如

國

亂之本也。周公弗從，故及。（及於難也）

臣按：莊王嫡也，子儀庶也。桓王屬子儀於周公，是有私之之心也。周公欲弒莊王而立子儀，是成桓王之私也。君臣共成其私，而不顧天下之正理，其得免乎？宜周公之及難也。

齊侯（襄公）使連稱、管至父戍葵丘。（葵丘，齊地。）二人，齊大夫。瓜時而往，（以食瓜爲候）及瓜而代。（戍之明年，又食瓜則代還。）期戍，公問不至。（代還之問不至）請代，弗許，故謀作亂。僖公之母弟曰夷仲年，（夷仲字，年其名。）生公孫無知，有寵於僖公，衣服禮秩如適。（適，太子。）襄公絀之。（謂降其禮秩）二人因之以作亂。（二人，連稱、管至也。二人本謀亂）

因無知之怨。遂作亂。連稱有從妹在公宮無寵。使間公。伺公之間隙。曰捷。吾以女爲夫人。捷，克也。言無知事成，則以女爲夫人也。女音汝。冬十二月弑君立無知。

臣按兄弟之子。猶子也。愛之之一則可。而衣服禮秩皆與適同。則不可。僖公之寵無知。宜若厚於兄弟之子者。而不知古人崇異世適之禮。非以自私。所以明尊卑之分。杜僭忒之源也。其召後日之禍宜哉。

漢成帝時。傅昭儀及子定陶王愛幸。寵於皇后太子。言昭儀之寵過於皇后。定陶王之寵過於太子。丞相匡衡上疏曰。聖王必愼妃后之際，別適長之位。適讀曰嫡。禮之於內也，卑不踰尊，新不先故，所以統人情而理陰氣也。禮屬陰，禮得則陰氣順，故曰理陰氣。其尊適而卑庶也，適子冠乎醴。冠，謂行冠禮也。阼阼禮之用醴主階。醴，甘酒，貴於眾酒。眾子不得與列，所以貴正禮而明嫌疑也。非虛加其禮文而已，乃中心與之殊異，故禮探其情而見之外也。如當親者疏，當尊者卑，則佞巧之姦因時而動，以亂國家。故聖人謹防其端，禁於未然，不以私恩害公議。

臣按：匡衡援古人之冠禮以明適子之重，眾子不得而並焉，旨哉斯言！人君不可以不知也。

三國吳太帝赤烏五年立子和爲太子霸爲魯王霸和母弟也吳主權愛之與和無異其傅是儀諫曰魯王兼資文武宜出鎮四方爲國藩輔且使二宮有所降殺以正上下之序不聽八年春吳太子和與魯王同宮禮秩如一羣臣多以爲言吳主權乃命分宮別僚二子由是有隙霸曲意交結名士於是仇黨疑貳舉國中分太子寵日衰霸黨從而毀之權惑焉陸遜諫曰正統藩臣當使寵秩有差則彼此得所上下獲安矣書三四上辭情危切權不悅太常顧譚上疏曰有國家者必明嫡庶之端異尊卑之禮使高下有差

等級踰邈則骨肉之恩全覬覦之望絕矣臣之所陳非有所偏誠欲以安太子而便魯王也由是霸惡譚全悰亦惡之相與譖之吳王徙譚於交州權以魯王霸楊竺之譖數遣使責問遜遜憤恚而卒初潘夫人有寵於吳主權生少子亮權愛之全公主既與太子和有隙欲豫自結數稱亮美權與魯王霸結朋黨以害其兄心亦惡之謂侍中孫峻曰子弟不睦將有袁氏之敗爲天下笑若使一人立者安得不亂乎遂有廢和立亮之意然猶沉吟歷年至是乃幽太子和將軍朱據諫曰太子國之本根加以雅性仁孝天下歸

心昔晉獻用驪姬而申生不存。漢武信江充而戾太子寃死。臣竊懼太子不堪其憂，雖立思子之宮，無及矣。不聽。據與尚書僕射屈晃率諸將吏泥頭自縛，連日詣闕請和，而無難督陳正及五營督陳象各上書切諫。吳主大怒，族誅正、象，牽據、晃入殿。據、晃猶叩頭流血，辭氣不撓。權杖之一百，遂廢和爲庶人，徙故鄣，賜霸死，立子亮爲太子。

臣按：吳主不鑒匹嫡之戒，既立太子，又寵魯王，禮秩如一。陸遜、顧譚力諫不聽，卒以基禍，至於兩廢焉。此人主所宜戒也。

唐之太子失敎甚矣而宫臣猶能死於其官

唐武德九年。太宗立皇子中山王承乾爲太子。貞觀七年。太子好嬉戲頗虧禮法。左庶子于志寧。右庶子孔穎達。數直諫。上聞而嘉之。各賜金一斤。絹五百匹。十四年。太子久不出見宫屬。右庶子張玄素諫曰。朝廷選俊賢以輔至德。今動經時月不見宫臣。將何以裨益萬一。不聽。

十五年。太子治宫室妨農功。又好鄭衛之樂。詹事于志寧諫不聽。又寵昵宦官常在左右。又引突厥達哥友入宫。志寧上書切諫。太子遣刺客殺之。二人不忍殺而止。

殺而止

十六年。魏王泰上括地志。泰好學。司馬蘇勗說泰以古之賢王。皆招士著書。故泰奏請修之。於是大開館舍。廣延時俊。人物輻湊。門庭如市。泰月給踰於太子。諫議大夫褚遂良上疏。以爲聖人制禮。尊嫡卑庶。世子用物不會與王者共之。庶子雖愛。不得踰嫡。所以塞嫌疑之漸。除禍亂之源也。昔漢竇太后寵梁孝王。卒以憂死。宣帝寵淮陽王。亦幾至於敗。今魏王新出閤。宜示以禮則。訓以謙儉。乃爲良器。此所謂聖人之教不肅而成者也。上又令泰徙居武德殿。魏徵上疏。

以爲陛下愛魏王，常欲使之全安，宜每抑其驕奢，不處嫌疑之地。上遽遣泰歸第。

秋八月，上曰：「當今國家何事最急？」褚遂良曰：「今四方無虞，唯太子、諸王宜有定分最急。」上曰：「此言是也。」時太子承乾失德，魏王泰有寵，羣臣日有疑議，上聞而惡之，謂侍臣曰：「今羣臣忠直無踰魏徵，我遣侍太子，庶絕天下之疑。」九月，徵爲太子太師，徵表辭，上手詔諭以周幽、晉獻廢嫡立庶，危亡國家；漢高祖幾廢太子，頼四皓然後定。我今頼公，卽其義也。徵乃受詔。

十七年春正月，上謂羣臣曰：「聞外間士民以太子有

知之而不能行

足疾。魏王穎悟。多從遊幸。遂生異議。徼幸之徒。已有附會者。太子雖病足。不廢步履。且禮嫡子死。立嫡孫。太子男已五歲。朕終不以孽代宗。啓窺窬之源也。

初太子承乾喜聲色畋獵。所爲奢靡。魏王泰多藝能。有寵於上。見太子有足疾。潛有奪嫡之志。折節下士求聲譽。上命黃門侍郎韋挺攝泰府事。後命工部尚書杜楚客代之。二人俱爲泰要結朝士。楚客或懷金以賂權貴。因說以魏王聰明。宜爲上嗣。文武之士各有附託。潛爲朋黨。太子畏其逼。遣人詐爲泰府典籤上封事。其中皆言泰罪惡。敕捕之不獲。太子陰養刺客謀殺魏王泰。吏部尚書侯君集之壻賀蘭楚石爲東宮千牛。太子知君集怨望。數令楚石引君集入東宮。問其自安之術。君集以太子暗劣。欲乘釁圖之。因勸之反。漢王元昌亦勸太子反。駙馬都尉杜荷爲太子所親暱。預其反謀。太子聞齊王祐反於齊州。謂紇干承基曰。我宮西牆去大內正可二十步耳。與卿爲大事。豈比齊王乎。夏四月。承基上變告太子謀反。敕長孫無忌與大理中書門下參鞫之。反形已具。上謂侍臣將何以處承乾。羣臣莫敢對。通事舍人來濟進曰。陛下不失爲慈父。太子得盡天年。則善矣。上從之。

詔廢承乾爲庶人。幽於右領軍府。漢王元昌賜自盡。侯君集等皆伏誅。承乾既獲罪。魏王泰自入侍奉。上面許立爲皇太子。長孫無忌請立晉王。上謂侍臣曰。昨青雀泰小字投我懷云。臣今日始得爲陛下子。臣有一子。臣死之日。當爲陛下殺之。傳位晉王。人誰不愛其子。朕見如此。甚憐之。褚遂良曰。陛下言大失。願審思勿誤也。安有陛下萬歲後。魏王據天下。肯殺其愛子。傳位晉王者乎。陛下日者既立承乾爲太子。復寵魏王。禮秩過於承乾。以成今日之禍。前事不遠。足以爲鑒。陛下今立魏王。願先措置晉王。始得安全耳。上流涕曰我不能爾因起入宮魏王泰恐上立晉王治謂之曰汝與元昌善元昌今敗得無憂乎治由是憂形於色上怪屢問其故治乃以狀告上憮然始悔立泰之言矣上面責承乾承乾曰臣爲太子復何求但爲泰所圖時與朝臣謀自安之術不逞之徒遂教臣爲不軌耳今若泰爲太子所謂落其度内承乾既廢上御兩儀殿羣臣俱出獨留長孫無忌房玄齡李世勣褚遂良謂曰我三子一弟所爲如是我心誠無聊賴因自投於牀無忌等爭前扶抱上又抽佩刀欲自刺遂良奪刀授晉王治無忌請上所欲上曰我欲立

晉王。無忌曰。謹奉詔。有異議者。臣請斬之。上乃御太極殿。召文武六品以上。謂曰。承乾悖逆。泰亦凶險。皆不可立。朕欲選諸子爲嗣。誰可立者。卿輩明言之。衆皆讙呼曰。晉王仁孝。當爲嗣。上說。遂立晉王治爲太子。上謂侍臣曰。我若立泰。則是太子之位可經營而得。自今太子失道。藩王窺伺者。皆兩棄之。傳之子孫。永爲後法。

臣按太宗不世出之主也。而於太子魏王之事。其失與孫權氏本末一同。皆幾至於危國。方猶遂良進太子諸王宜有定分之說。帝固是之矣。

使其因此大正嫡庶之分車服禮秩咸立等差約敕魏王峻其交通賓客之禁則太子之志安而不軌之謀塞矣不是之思而乃於魏王之寵終不之損由是承乾日以疑忌而泰日以窺覦雖欲禍亂之不生不可得已原其本皆太宗溺於私愛不能自克之故也然承乾雖廢泰亦不立且因是著爲後世之法太子失道藩王窺伺者兩棄之於失之中而有得焉雖然與其有得於終孰若無失於初故人君正家之道不可以不謹也

以上論嫡庶之分宜辨

定國本

廢奪之失宜監

史記幽王嬖愛褒姒生子伯服褒姒幽王欲廢太子太子母申侯女而爲后後幽王得褒姒愛之欲廢申后并去太子宜臼以褒姒爲后以伯服爲太子太史伯陽曰禍成矣幽王以虢石父爲卿用事國人皆怨又廢申后去太子也申侯怒與繒西夷犬戎攻幽王幽王舉烽火徵兵兵莫至遂殺幽王驪山下虜褒姒於是諸侯乃卽申侯而共立故幽王之子宜臼是爲

平王。

臣按：幽王廢正后、易太子，其禍至於如此，故錄以爲本篇之首云。

春秋僖五年，公及齊侯、宋公、陳侯、衛侯、鄭伯、許男、曹伯會王世子于首止。惠王太子鄭也。不名而殊會，尊之也。首止，會地。

傳：會于首止，謀寧周也。杜預曰：惠王以惠后故，將廢太子鄭而立王子帶，故齊桓帥諸侯會王世子以定其位。胡安國曰：王將以愛易世子，桓公有憂控大國，扶小國，會于首止，以定其位。太子踐阼，是爲襄王。一舉而父子君臣之道皆得焉，故夫子稱之曰管仲相桓公一匡天下民到于今受其賜微管仲吾其被髮左衽矣中國之爲中國以有父子君臣之大倫也一失則爲夷狄矣故首止之盟美之大者也

晉獻公烝於齊姜（齊姜武公妾）生秦穆夫人及太子申生又娶二女於戎大戎狐姬生重耳（大戎唐叔子孫别在戎狄者）小戎子生夷吾（小戎允姓之戎子女也）伐驪戎驪戎男女以驪姬（驪戎其君姬姓其爵男也）歸生奚齊其娣生卓子驪姬嬖欲立其子賂外嬖梁五與東關嬖五（姓梁名五在閨闥之外者東關嬖五别在關塞者亦名五皆大夫爲獻公所嬖幸視聽外事）使言於公曰曲沃君之宗也

曲沃。桓叔所封。先君宗廟所在。蒲與二屈。君之疆也。不可以無主。宗邑無主。則民不威。疆埸無主。則啓戎心。戎之生心。民慢其政。國之患也。若使太子主曲沃。而重耳夷吾主蒲與屈。則可以威民而懼戎。且旌君伐。旌。章也。伐。功也。晉侯說之。夏使太子居曲沃。重耳居蒲城。夷吾居屈。羣公子皆鄙。鄙。邊邑。唯二姬之子在絳。二五卒與驪姬譖羣公子而立奚齊。晉人謂之二五耦。二耜相耦。廣一尺。共起相伐。言二人俱共墾傷晉室若此。

閔元年。晉侯作二軍。晉本一軍。公將上軍。太子申生將下軍。趙夙御戎。畢萬爲右。爲公御右也。夙。趙衰兄。畢萬。魏犨祖父。以滅耿滅霍滅魏。還爲太子城曲沃。賜趙夙耿。賜畢萬魏。以爲大夫。士蔿曰。太子不得立矣。分之都城而位以卿。先爲之極。又焉得立。位以卿。得將下軍。不如逃之。無使罪至爲吳太伯。不亦可乎。太伯周太王之適子。知其父欲立季歷。故讓位而適吳。猶有令名。與其及也。言雖去。猶有令名。勝於留而及禍。且諺曰。心苟無瑕。何恤乎無家。天若祚太子。其無晉乎。

閔二年十二月。晉侯使太子申生伐東山皐落氏。赤狄別種也。皐落其氏族。里克諫曰。太子奉冢祀社稷之粢盛。里克晉大夫。冢大也。以朝夕視君膳者也。膳。廚膳。故曰冢子。君行則守。有守則從。從曰撫軍。守曰監國。古之制也。夫帥師專行謀。師師者。必誓軍旅。宣號令也。君與國政之所圖也。非太子之事也。國政正卿。師在制命而已。所制命。將軍稟命則不威。專命則不孝。故君之嗣適不可以帥師。君失其官帥師不威。將焉用之。太子統師。是失其官也。專命則不孝。是爲帥必不威也。且臣聞皐落氏將戰。君其舍之。公曰。寡人有子。未知其誰立焉。不對而退。見太子。太子曰。吾其廢乎。對曰。告之以臨民。謂居曲沃。教之以軍旅。謂將下軍。不共是懼。何故廢乎。且子懼不孝。無懼弗得立。脩己而不責人。則免於難。太子帥師。公衣之偏衣。偏衣。左右異色。其半似公服。佩之金玦。以金爲玦。太子將戰。狐突諫曰。不可。昔辛伯諗周桓公曰。

內寵竝后，外寵二政，嬖子配適，大都耦國，亂之本也。周公弗從，故及於難。今亂本成矣，立可必乎？孝而安民，子其圖之。與其危身以速罪也。

（傳）四年，公將立奚齊，（立爲太子也）既與中大夫成謀，（中大夫里克也）姬謂太子曰：君夢齊姜，必速祭之。（齊姜，太子母）太子祭于曲沃，歸胙于公。（胙，祭之酒肉）公田，姬寘諸宮六日。公至，毒而獻之。（毒酒經宿輒敗，而經六日，明公之惑）公祭之地，地墳；與犬，犬斃；與小臣，小臣亦斃。姬泣曰：賊由太子。太子奔新城。（曲沃）公殺其傅杜原款。或謂太子：子辭，（勸之自辯）君必辯焉。（以六日之狀自理）太子曰：君非姬氏，居不安，食不飽。我辭，（辯也）

姬必有罪君老矣吾又不樂吾自理則姬死姬死則君必不樂不樂爲由吾也曰子其行乎勸之出奔太子曰君實不察其罪被此名也以出人誰納我十二月縊于新城

經五年春晉侯殺其世子申生書晉侯惡用讒書春從告

臣按晉獻公用驪姬之讒殺太子申生蓋將私其子也及公薨奚齊立里克弑之卓子立又弑之姬之子卒不能享有晉國而徒以滋晉之亂蓋易五君二十餘年而後定然則國本其可以輕搖哉

漢高祖十年戚姬有寵於上生趙王如意上以太子

從好諫書

仁弱，謂如意類己。雖封爲趙王，常留之長安。上之關東，戚姬常從，日夜啼泣，欲立其子。呂后年長，常留守，益疏。上欲廢太子而立趙王，大臣爭之，皆莫能得。御史大夫周昌廷爭之彊，上問其說。昌爲人吃，又盛怒，曰：「臣口不能言，然臣期期知其不可。陛下欲廢太子，臣期期不奉詔。」上欣然而笑。呂后側耳於東廂聽，既罷，見昌，爲跪謝曰：「微君，太子幾廢。」十二年十一月，上從破黥布歸，疾益甚，愈欲易太子。張良諫，不聽，因疾不視事。叔孫通諫曰：「昔者晉獻公以驪姬之故廢太子，立奚齊，晉國亂者數十年，爲天下笑。秦以不蚤定

責之是曰
刼非也

扶蘇令趙高得以詐立胡亥自使滅祀此陛下所親見今太子仁孝天下皆聞之呂后與陛下攻苦食淡其可背哉陛下必欲廢適而立少臣願先伏誅以頸血汙地帝曰公罷矣吾直戲耳叔孫通曰太子天下本本一搖天下振動奈何以天下爲戲乎

上欲廢太子立趙王如意大臣多爭未能得呂后恐不知所爲或謂呂后曰留侯善畫計上信用之呂后乃使建成侯呂澤刼良曰君常爲上謀臣今上日欲易太子君安得高枕而臥良曰此難以口舌爭也顧上有所不能致者四人四人年老矣皆以上嫚侮士

帝高此四
人然則嫂
罵不施於
山林明矣

故逃匿山中。義不爲漢臣。然上高此四人。今公誠能毋愛金玉璧帛。令太子爲書。卑辭安車。因使辯士固請。宜來。來以爲客。時從入朝。令上見之。則一助也。於是呂后令呂澤使人奉太子書。卑辭厚禮。迎此四人。四人至。客建成侯所。上從破布歸。愈欲易太子。良諫不聽。叔孫太傅以死爭。上陽許之。猶欲易之。及宴置酒。太子侍。四人者從太子。年皆八十有餘。須眉皓白。衣冠甚偉。上怪問曰。何爲者。四人前對。各言其姓名。上乃驚曰。吾求公。避逃我。今何自從吾兒游乎。四人曰。陛下輕士善罵。臣等義不辱。故恐而亡匿。今聞太

使四皓可以卑辭厚禮致敢于欺天子亦亡行義矣此事竟屬傳疑

子仁孝恭敬愛士天下莫不延頸願爲太子死者故臣等來上曰煩公幸卒調護太子四人爲壽已畢趨去上目送之召戚夫人指視曰我欲易之彼四人爲之輔羽翼已成難動矣竟不易太子者良本招此四人之力也

是年帝崩太子即皇帝位尊皇后曰皇太后太后令永巷囚戚夫人髠鉗衣赭衣令舂召趙王至長安惠帝元年冬十二月帝晨出射趙王少不能蚤起太后使人持酖飲之黎明帝還趙王已死太后遂斷戚夫人手足去眼煇耳飲瘖藥使居廁中命曰人彘

程頤曰。坎六四。納約自牖。自牖言自通明之處。人臣以忠信善道結於君心。必自其明處乃能入也。人心有所蔽。有所通。所蔽者暗處也。所通者明處也。當就其明處告之。求信則易也。自古能諫君者。未有不因其所明者也。漢祖愛戚姬。將易太子。是其所蔽也。羣臣爭之者衆矣。嫡庶之義。長幼之序。非不明也。如其蔽而不察何。四老者。高祖素知其賢而重之。此其不蔽之明心也。故因其所明而及其事。則悟之如反手。且四老人之力。孰與張良羣公卿。其言之切。孰若周昌叔孫通。然而不從彼而

名不正　其不終

從此者由攻其蔽與就其明之異耳。

胡寅曰。張良招致四皓羽翼儲宮方之齊桓公會合八國定王世子。事簡而力不勞。其績尤偉。而世之君子乃致疑焉。謂審有此。是良爲子結黨以拒父。是蓋未知聖人深許首止之盟。而稱管仲相齊。一正天下之美也。

疑亦是

隋文帝受周禪。以太子勇爲皇太子。開皇二十年。初上使太子勇參決軍國政事。時有損益。上皆納之。勇性寬厚。率意任情。無矯飾之行。上性節儉。勇嘗文飾蜀鎧。上見而不悅。戒之曰。自古帝王未有好奢侈而能久長者汝爲儲后當以儉約爲先乃能奉承宗廟吾昔日衣服各留一物時復觀之以自警戒後遇冬至百官皆詣勇張樂受賀上知之問朝臣曰近聞至日內外百官相率朝東宮此何禮也太宰少卿辛亶對曰於東宮乃賀也不得言朝上曰賀者正可三數十人隨情各去何乃有司徵召一時普集太子法服設樂以待之可乎因下詔停斷自是恩寵始衰漸生猜阻勇多內寵昭訓雲氏尤幸其妃元氏無寵遇心疾二日而薨獨孤后意有他故甚責望勇自是雲昭訓專內政生子儼等數人后彌不平頗遣人伺察

以此結主眞爲有心

求勇過惡晉王廣知之彌自矯飾唯與蕭妃居處後庭有子皆不育后由是數稱廣賢大臣用事者廣皆傾心與交上及后每遣左右至廣所無貴賤廣必與蕭妃迎門接引爲設美饌申以厚禮婢僕往來者無不稱其仁孝上與后嘗幸其第廣悉屛匿美姬於別室唯留老醜者衣以縵綵給事左右屛帳改用縑素故絕樂器之絃不令拂去塵埃上見之以爲不好聲色還宮以語侍臣意甚喜侍臣皆稱慶由是愛之特異諸子廣爲揚州總管入朝將還鎮入宮辭后伏地流涕后亦泣下廣曰臣性識愚下常守平生昆弟之

揣摩始盡

奇幻

意不知何罪，失愛東宮，欲加屠陷，每恐讒譖生於投杼，鴆毒遇於杯勺。后忿然，自是決意欲廢勇立廣矣。

廣與安州總管宇文述素善，問計於述。曰：皇太子失愛已久，四海之望實歸大王。然廢立者，國家大事，處人父子骨肉之間，誠未易謀也。然能移主上意者，唯楊素耳。素所與謀者，唯其弟約。述雅知約，請朝京師，與約相見共圖之。廣大悅，多齎金寶，資述入關。約時爲大理少卿，素凡有所爲，皆先籌於約而行之。述請約，盛陳器玩，與之酣暢，因而共博，每陽不勝，所齎金寶盡輸之約。所得既多，稍以謝述。述因曰：此晉王之

佯喜之又危之

賜。令進與公爲歡樂耳。約大驚曰。何爲爾。進因通廣意說之曰。公之兄弟。功名蓋世。當塗用事有年矣。朝臣爲足下家所屈辱者。可勝數哉。又儲后以所欲不行。每切齒於執政。公雖自結於人主。而欲危公者固亦多矣。主上一旦棄羣臣。公亦何以取庇。今皇太子失愛於皇后。主上素有廢黜之心。此公所知也。今若請立晉王。在賢兄之口耳。誠能因此時建大功。王必永銘骨髓。斯則去累卵之危。成太山之安也。約然之。因以白素。素聞之大喜曰。吾之智思殊不及此。約知其計行。復謂素曰。今皇后之言上無不用。宜因機會。

殺其兄

早自結託。宜長保榮祿。傳祚子孫。兄若遲疑。一旦有
變。令太子用事。恐禍至無日矣。素從之。後數日。素入
侍宴。微稱晉王孝悌恭儉。有類至尊。用此揣后意。后
泣曰。公言是也。吾兒大孝愛。每聞至尊及我遣內使
到。必迎於境首。言及違離。未嘗不泣。又其新婦亦大（皆、極、近、人、情、語、）
可憐。我使婢去。常與之同寢共食。豈若睍地伐（勇小字）
與阿雲（謂雲昭訓）對坐。終日酣宴。昵近小人。疑阻骨肉。我
所以益憐阿麽（廣小字）者。常恐其潛殺之。素旣知后意。
因盛言太子不才。后遂使素贊上廢立。素頗知其謀。
憂懼。計無所出。上知勇不自安。在仁壽宮使楊素觀

勇所爲素至東宫偃息未入勇東帶待之素故久不進以激怒勇勇銜之形於言色素還言勇怨望恐有他變願深防察上聞素譖毁甚疑之后又遣人伺覘東宫纖介事皆聞奏因加誣飾以成其罪上遂疎忌勇廼於玄武門達至德門置候人以伺動靜皆隨事奏聞又東宫宿衛之人侍官以上名籍悉令屬諸衛府有勇健者咸屏去之太史令袁充言於上曰臣觀天文皇太子當廢上曰玄象久見羣臣不敢言耳晉王廣又令督王府軍事段達私賂東宫幸臣姬威令伺太子動靜密告楊素於是内外諠謗過失日聞段

怒勇一着大奇

逵因脅姬威曰。東宮過失。主上皆知之矣。已奉密詔定當廢立。君能告之。則大富貴。威許諾。卽上書告之。秋九月壬子。上至自仁壽宮。翌日。御大興殿。謂侍臣但詐備人知不久矣曰。我新還京師。應開懷歡樂。不知何意翻邑然愁苦。吏部尚書牛弘對曰。臣等不稱職。故至尊憂勞。上既數聞譖毀。疑朝臣悉知之。故於衆中發問。冀聞太子之過。弘對旣失旨。上因作色謂東宮官屬曰。仁壽宮去此不遠。而令我每還京師。嚴備仗衛。如入敵國。豈非爾輩欲害我家國耶。於是執太子左庶子唐令則等數人。付所司訊鞫。命楊素陳東宮事狀。以告近臣。

素乃顯言之云云上曰此兒不堪承嗣久矣皇后嘗勸我廢之我以布衣時所生地復居長望其漸改隱忍至今我雖德慚堯舜終不以萬姓付不肖子今欲廢之以安天下左衛大將軍元旻諫曰廢立大事詔旨若行後悔無及讒言罔極惟陛下察之上不應命姬威悉陳太子罪惡威對云云上泫然曰誰非父母生乃至於此朕近覽齊書見高歡縱其兒子不勝忿憤安可效尤邪於是禁勇及諸子部分收其黨與楊素舞文巧詆鍛錬以成其獄先是勇見老枯槐問此堪何用或對曰古槐尤宜取火時衛士皆備火燧勇

命工造數千枚欲以分賜左右至是獲於庫又藥藏局貯艾數斛素得之大以爲怪以問媼威威曰太子此意別有所在至尊在仁壽宮太子常飼馬千匹云徑往守城門自然餓死素以威言詰勇勇不服曰竊聞公家馬數萬匹勇忝備太子馬千匹乃是反乎素又發東宮服翫以加琱飾者悉陳之於庭以示文武羣官爲太子之罪上及皇后迭遣使責問勇勇不服冬十月乙丑上使人召勇勇見使者驚曰得無殺我耶上戎服陳兵御武德殿集百官立於東面諸親立於西面引勇及諸子列於殿庭命內史侍郎薛道衡

宣詔廢勇爲庶人。勇再拜言曰。臣當伏尸都市。爲將來鑒戒。幸蒙哀憐。得全性命。言畢泣下流襟。既而舞蹈而去。左右莫不閔默。初雲昭訓父定興出入東宮無節。數進其奇服異器以求悅媚。左庶子裴政屢諫。勇不聽。唐令則爲勇所昵狎。每令以絃歌教內人。右庶子劉行本責之曰。庶子當輔太子以正道。何有取媚於房帷之閒哉。令則慚而不能改。勇嘗得良馬。欲令行本乘而觀之。行本正色曰。至尊置臣於庶子。欲令輔導殿下。不令爲殿下作弄臣也。勇慚而止。及勇敗。二人已卒。上歎曰。向使裴政劉行本在。勇不至此。

李綱何不言之於前

勇嘗宴宮臣唐令則自彈琵琶歌娬媚娘洗馬李綱起白勇曰令則身爲宮卿職當調護乃於廣座自比倡優進淫聲穢視聽事若上聞令則罪在不測豈不爲殿下之累邪臣請速治其罪勇曰我欲爲樂耳君勿多事綱遂趨出及勇廢上召東宮官屬切責之皆惶懼無敢對者綱獨曰廢立大事今文武大臣皆知其不可而莫敢發言臣何敢畏死不一爲陛下別白言之乎太子性本中人可與爲善可與爲惡鄉使陛下擇正人輔之足以嗣守鴻基今乃以唐令則爲左庶子鄒文騰爲家令二人唯知以絃歌鷹犬娛悅太

子安得不至於是邪此乃陛下之過非太子之罪也因伏地流涕嗚咽上慘然良久曰李綱責我非爲無理然徒知其一未知其二我擇汝爲宮臣而勇不親任雖更得正人何益哉對曰臣之所以不被親任者良由姦臣在側故也陛下但斬令則文騰更選賢才以輔太子安知臣之終見疎棄也自古國家廢立冢嫡鮮不傾危願陛下深留聖思無貽後悔上不悅十一月戊子立晉王廣爲皇太子天下地震帝囚故太子勇於東宮付太子廣掌之勇自以廢非其罪頻請見上申寃而廣遏之不得聞勇於是升樹大叫聲聞

帝所冀得引見楊素因言勇情志昏亂爲癲鬼所着不可復收帝以爲然卒不得見（廣立是爲煬帝遂以亡隋）

臣按隋文以術數取天下其操制羣下亦以術數宜非臣子所能欺也而太子勇任情率直則疑之晉王廣矯情飾詐則信之夫勇之天資中人耳使帝能博選名儒責以輔導切磋琢磨未必不爲令德而廣則大賊也方其平時自媚於帝后欲爲奪嫡之計久矣一聞后意有所不平於是緣飾者彌工而傾擠者彌巧觀廣之所以取謀於宇文述而達之輸貨於楊約以自通於

楊素者其安排布置一如戰國縱横之徒帝徒知勇之當廢而不知其所謂罪戾者成於諸人織組之手也徒知廣之可立而不知所謂善美者出於諸人開闔之口也而其實安在哉帝至是如聾如瞶不復能自辨是非而一廢一立秖以爲楊素等鬻賣之地耳不知平時所謂術數者果焉在邪廣既升儲又以勇付於其手迨其垂沒乃始知廣之不足付而出召勇之言則徒以殺其身而已矣（事見通鑑文帝末年）吁後之人主其於讒言罔極之際可不察哉

惟不願長處耳

唐玄宗開元末武惠妃譖太子瑛於上曰太子陰結黨與將害妾母子（惠妃子壽王瑁也）亦指斥至尊上大怒以語宰相欲皆廢之張九齡諫曰太子天下本不可輕搖昔晉獻公信驪姬之讒殺申生三世大亂漢武帝信江充之誣罪戾太子京城流血晉惠帝用賈后之譖廢愍懷太子中原塗炭隋文帝納獨孤后之言黜太子勇立煬帝遂失天下由此觀之不可不慎陛下必欲爲此臣不敢奉詔惠妃密使宫奴牛貴兒謂九齡曰有廢必有興（言太子瑛廢則壽王瑁必爲太子）公爲之援宰相可長處九齡叱之以其語白上上爲之動色故終九

齡罷相太子得無動九齡既貶又有譖太子瑛鄂王瑤光王琚異謀者上召宰相問之李林甫對曰此陛下家事非臣等所宜豫上意乃決使宦者宣制於宮中廢瑛瑤琚爲庶人尋賜死太子瑛既死李林甫數勸立壽王瑁上以忠王璵長且仁孝恭謹又好學意欲立之猶豫歲餘不決自念春秋高三子同日誅死繼嗣未定常忽忽不樂寢膳爲之減高力士乘間問其故上曰汝我家老奴豈不能揣我意力士曰豈非以郎君未定邪但推長而立誰敢爭上曰汝言是也由是遂定立璵爲太子餘已見前姦臣篇

范祖禹曰明皇三子之廢繫於李林甫之一言其得未廢繫於張九齡之未罷相賢則父子得以相保相佞則天性滅於仇讎置相可不愼哉

大曆十四年代宗年號德宗卽位立宣王誦爲皇太子

貞元三年初郜國大長公主適駙馬都尉蕭升公主不謹詹事李昇等出入主第主女爲太子妃或告主淫亂且爲厭禱上大怒幽主於禁中切責太子太子不知所對請與蕭妃離昏上召李泌告之且曰舒王近以長立孝友溫仁泌曰陛下惟有一子奈何一旦疑之欲廢之而立姪得無失計乎上曰卿不愛家族

乎對曰臣惟愛家族故不敢不盡言若畏陛下盛怒
而爲曲從陛下明日悔之必尤臣云吾獨任汝爲相
不力諫使至此必復殺而子臣老矣餘年不足惜若
寃殺臣子使臣以姪爲嗣臣未知得歆其祀乎因嗚
咽流涕上泣曰事已如此使朕如何而可對曰此大
事願陛下審圖之自古父子相疑未有不亡國覆家
者上曰貞觀開元皆易太子何故不亡對曰昔承乾
（得此二證佐）
屢嘗監國託附者衆東宮甲士甚多與宰相侯君集
謀反事覺太宗使其舅長孫無忌與朝臣數十人鞫
之事狀顯白然後集百官而議之當時言者猶云願

從古廢立之變無不起於積漸而傷於迫遽看來從容正是至誠處

陛下不失爲慈父使太子得終天年太宗從之并廢魏王泰願陛下從容三日究其端緒而思之陛下必釋然知太子之無他矣若果有其迹當召大臣知義理者二十人與臣鞠其左右必有實狀願陛下如貞（得此二處分總是決其疑）觀之法行之廢舒王而立皇孫則百代之後有天下者猶陛下子孫也至於開元之時武惠妃譖太子瑛兄弟殺之海內寃憤此乃百代所當戒又可法乎且陛下昔嘗令太子見臣於蓬萊池觀其容表非有蠭目豺聲商臣之相也正恐失於柔仁耳又太子自貞元以來嘗居少陽院在寢殿之側未嘗接外人預外

正要從容熟思

事安得有興謀乎彼譖人者巧詐百端雖有手書如晉愍懷衷甲如太子瑛猶未可信況但以妻母有罪爲累乎幸賴陛下語臣臣敢以宗族保太子必不知謀鄉使楊素許敬宗李林甫之徒承此旨已就舒王圖定策之功矣上曰此朕家事何豫於卿而力爭如此對曰天子以四海爲家臣今獨任宰相之重四海之內一物失所責歸於臣況坐視太子冤橫而不言臣罪大矣上曰爲卿遷延至明日思之泌抽笏叩頭而泣曰如此臣知陛下父子慈孝如初矣然陛下還宮當自審思勿露此意於左右露之則彼皆欲樹功

從容中道忠則得之至誠能化其微也夫

於舒王太子危矣上曰具曉卿意太子遣人謝泌曰吾必不可救欲先自仰藥何如泌曰必無此慮願太子起敬起孝苟泌身不存則事不可知耳閒一日上開延英殿獨召泌流涕闌干撫其背曰非卿切言朕今日悔無及矣皆如卿言太子仁孝實無他也自今軍國及朕家事皆當謀於卿矣泌拜賀因曰陛下聖明察太子無罪臣報國畢矣願乞骸骨上曰朕父子賴卿得全方屬子孫使卿代代富貴以報德何爲出此言乎詔李昇等及公主五子皆流嶺南及遠州太子後立是爲順帝

此語可省

不可少

臣按自古輕廢儲貳未有不由宰相之非人者。故里克成謀申生縊楊素懷姦子勇囚林甫趨利瑛琚戮而子瑛之得未廢者以九齡舒王之不得奪嫡者以李泌然則爲國者其可無忠賢之相哉觀泌告德宗之言忠誠懇篤宜其卒能感悟也後之爲相者不幸而遇此要當以泌爲法。

以上論廢奪之失宜監

大學衍義卷之四十二

絳灌不學亦在其不學哉不學而何以深計若爾

大學衍義卷之四十三

宋 學士 眞德秀 彙輯

明 史官 陳仁錫 評閱

齊家之要四

敘戚屬

外家謙謹之福

漢文帝竇后兄長君弟廣國字少君。聞后立。上書自陳。后言帝。召見問之。具言其故。於是竇后持之而泣。厚賜之家於長安。絳侯周勃灌將軍嬰等曰。吾屬不死。命乃且縣。恐其後擅權則將相大臣當被害此兩人兩人所出微不可不

所謂大臣者如此

爲擇師傅。又復放呂氏大事也。放與倣同於是乃選長者之有節行者與居。長君少君由此爲退讓君子。不敢以富貴驕人。後景帝立。皇后爲皇太后。乃封廣國爲章武侯。長君先死。封其子彭祖爲南皮侯。

臣按竇長君少君。故貧賤也。一旦以椒房故驟居富貴。常人之情。鮮有不驕且侈者。而當時大臣如絳灌者。乃能爲擇師傅。使長者之有節行者與居。於是二人卒爲退遜君子。豈非教之力哉。史稱景帝立。乃封廣國等爲侯。則在文帝時。蓋未嘗封也。文帝之不私后戚如此。豈不足爲

後世法哉

史丹以父任爲中庶子。侍從十餘年。元帝即位。爲駙馬都尉侍中。出常驂乘。甚有寵。上以丹舊臣。皇考外屬親信之。詔丹護太子家。是時傅昭儀子定陶共王有材藝。子母俱愛幸。而太子頗有失。母王皇后無寵。建昭之後。元帝被疾。不親政事。留好音樂。或置鼙鼓殿下。天子自臨軒檻上隤銅丸以擿鼓聲中嚴鼓之節。後宮及左右知音者莫能爲。而定陶王亦能之。上數稱其材。丹進曰。凡所謂材者。敏而好學。溫故知新。皇太子是也。若乃器人於絲竹鼓鼙之間。則是陳惠李

一時權應之言出於至誠

微高於匡衡。可相國也陳惠李微。當時知音者。康衡。元帝相也於是上嘿然而笑。其後中山哀王薨。太子前弔哀王者帝之少弟。與太子遊學相長。太上望見太子。感念哀王。悲不能自止。太子既至前不哀。上大恨曰。安有人不慈仁而可奉宗廟爲民父母者乎。上以責謂丹。丹免冠謝上曰。臣誠見陛下哀痛中山王。至以感損。向者太子當進見。臣竊戒屬。毋涕泣感傷陛下。罪迺在臣。當死。上以爲然。意迺解。丹之輔相皆此類也。竟寧元年。上寢疾。傅昭儀及定陶王常在左右。而皇后太子希得進見。上疾稍侵。意忽忽不平。數問尚書以景帝時立膠東王故事。（景帝廢太子榮爲臨江王立膠東王爲太子）丹以親密臣得侍視疾，候上間獨寢時，丹直入臥內，頓首伏青蒲上，（以青規地曰青蒲，非皇后不得至此）涕泣言曰：皇太子以適長立，積十餘年，名號繫於百姓，天下莫不歸心。臣子見定陶王雅素愛幸，今者道路流言，以爲太子有動搖之議，審若此，公卿以下必以死爭，不奉詔。臣願先賜死以示羣臣。天子素仁，不忍見丹涕泣，言又切至，上意大感，喟然太息曰：吾日困劣，而太子、兩王幼少，意中戀戀，亦何不念乎？然無有此議。且皇后謹慎，先帝又愛太子，吾豈可違指？駙馬都尉安所受此語？丹卽却頓首曰愚臣妄聞罪當死上因納謂丹曰吾病寖加恐不能自還善輔道太子毋違我意丹噓唏而起太子由是遂爲嗣矣丹爲人足知音智愷悌愛人貌若儻蕩不備儻蕩謂踈放也然心甚謹密故尤得於上

傅喜哀帝祖母定陶傅太后從父弟少好學問有志行哀帝即位以喜爲衛尉遷右將軍傅太后始與政事喜數諫之由是傅太后不欲令喜輔政賜黃金百斤上將軍印綬以光祿大夫養病大司空何武尚書令唐林皆上書言喜行義修潔忠誠愛國内輔之臣也今以寑病一旦遣歸衆庶失望皆曰傅氏賢子以

論議不合於定陶太后故退百僚莫不爲國恨之忠臣社稷之衛魯以季友治亂楚以子玉輕重魏以無忌折衝百萬之衆不如一賢喜立於朝陛下之光輝傅氏之廢興也上亦自重之明年拜喜爲大司馬封高武侯丁傅驕奢皆嫉喜之恭儉又傅太后欲求稱尊號哀帝以定陶王子入繼爲成帝後而傅太后者定陶王之母也故事稱定陶太后不得稱帝太后今傅太后欲稱之非禮也喜與丞相孔光大司空師丹共執正議言不當稱帝太后也傅太后大怒先免師丹以感動喜喜終不順後數月遂策免喜傅太后又自詔丞相御史遣喜就國後欲免喜侯上不聽平帝即位王莽用事免

傅氏官爵歸故郡下詔曰高武侯喜姿性端慤議論忠直雖與故定陶太后有屬終不順指從邪介然守節以故斥逐就國傳不云乎歲寒然後知松栢之後彫也其還喜長安位特進奉朝請後遣就國以壽終

班固贊曰史丹父子相繼高以重厚位至三公丹之輔道副主掩惡揚善傅會善意雖宿儒達士無以加焉及其歷房闥入臥內推至誠犯顏色動寤萬乘輔移大謀卒成太子安母后之位無言不讐終獲忠貞之報傅喜守節不傾亦蒙後凋之賞

臣按二人皆賢戚也而傅喜之所立尤難蓋喜

於傅太后爲近屬，常人之情，孰不私其親者。而太后欲與政事，則爭之；欲稱尊號，則又爭之。寧獲怒太后，被斥逐之譴，不肯違公議，取阿附之譏。其後王氏得權，追治前事，丁傅之家皆罹患害，惟喜獨全，且受褒賞，豈非守正之福哉。

樊宏，世祖之舅。世祖光武也。世祖即位，拜光祿大夫，位特進，次三公，封壽張侯。宏爲人謙柔畏愼，不求苟進，常戒其子曰：富貴盈溢，未有能終者。吾非不喜榮勢者，天道惡盈而好謙，前世貴戚皆明戒也。保身全己，豈不樂哉。每當朝會，輒迎期先到，俯伏待事。帝聞之，常勑騶騎臨朝乃告宏所上便宜及言得失輒手自書寫毀削草本公朝訪逮不敢衆對宗族染其化未嘗犯法以病困車駕臨視問所欲言宏頓首自陳無功享食大國誠恐子孫不能保全厚恩令臣魂神慙負黄泉願還壽張食小鄉亭帝悲傷其言竟不許二十七年卒遺令薄塟一無所用以爲棺柩一藏不宜復見如有腐敗傷孝子之心使與夫人同墳異藏帝善其令以示百官因曰今不順壽張侯意無以彰其德且吾萬歲之後欲以爲式賜錢千萬布萬匹謚爲恭侯帝悼宏不已復封少子茂爲平望侯

已不爲而止宗族之爲是眞不爲

子儵謹約有父風事後母至孝及母卒哀思過禮毀病不自支世祖常遣中黃門朝暮送饘粥建武中禁網尚闊諸王既長各招引賓客以儵外戚爭遣致之而儵清靜自保無所交結及沛王輔事發貴戚子弟多見收捕儵以不豫得免其後弟魴爲子賞求楚王英女敬鄉公主儵聞而止之曰建武時吾家並受榮寵一宗五侯時特進一言（特進宏也）女可以配王男可以尚主但以貴寵過盛即爲禍患故不爲也且爾一子柰何棄之於楚乎魴不從其後楚事發覺楚王英以謀反誅顯宗追念儵謹恪又聞其止魴婚事故其諸

雜賓則損　俠客則禍

子得不坐焉。

陰興，光武光烈皇后母弟也。建武二年，守期門僕射，典將武騎，從征伐，平定郡國。興每從出入，常操持小蓋，障翳風雨，躬履塗泥，率先期門。光武所幸之處，輒先入清宮，甚見親信。雖好施接賓，然門無俠客。與同郡張宗、上谷鮮于裒不相好，知其有用，猶稱所長而達之。友人張汜、杜禽與興厚善，以爲華而少實，但私之以財，終不爲言。是以世稱其忠平。第宅苟完，裁蔽風雨。九年，遷侍中，賜爵關內侯。帝後召興，欲封之，置印綬於前，興固讓曰：臣未有先登陷陣之功，而一家數人並蒙爵土令天下觖音決望誠爲盈溢帝嘉興之讓不奪其志貴人問其故貴人時未爲后興曰貴人不讀書記邪亢龍有悔夫外戚家苦不知謙退嫁女欲配侯王取婦眄睨公主愚心實不安也富貴有極人當知足夸奢益爲觀聽所譏貴人感其言深自降挹卒不爲宗親求位十九年拜衛尉輔導皇太子明年夏帝疾甚以興領侍中受顧命於雲臺廣室會疾瘳召見興欲以代吳漢爲大司馬興叩頭流涕固讓曰臣不敢惜身誠虧損聖德不可苟冒至誠發中感動左右帝遂聽之二十三年卒興素與從兄嵩不相能然敬

其威重。與疾病。帝親臨問以政事。及羣臣能否。與頓首曰。臣愚不足以知人。然伏見議郎席廣。謁者陰嵩。並經行明深。踰於公卿。後帝思其言。遂擢廣爲光祿勳。嵩爲中郎將。監羽林十餘年。以謹敕見幸。顯宗即位。詔曰。故侍中衛尉關內侯興。典領禁兵。從平天下。當以軍功顯受封爵。又諸舅比例應蒙恩澤。興皆固讓。安乎里巷。輔導朕躬。有周昌之直。在家仁孝。有曾閔之行。不幸早卒。朕甚傷之。賢者子孫。宜加優異。其以汝南之鮦陽封興子慶爲鮦陽侯。慶弟博爲强隱侯。博弟員丹並爲郎。慶推田宅財物悉與員丹。帝以慶讓。擢爲黃門侍郎。

陰識。光烈皇后之前母兄也。建武元年。封陰鄉侯。二年。以征伐軍功增封。叩頭讓曰。天下初定。將帥有功者衆。臣託屬掖廷。仍加爵邑。不可以示天下。帝甚美之。及顯宗立爲皇太子。以識守執金吾。輔導東宮。帝每巡郡國。識常留鎮守京師。入雖極言正議。及與賓客語。未嘗及國事。帝敬重之。常指識以勑戒貴戚。激厲左右焉

臣按樊陰二氏。皆漢中興外戚。而能以忠謹自持。全其寵祿。宏之言曰。富貴盈溢。未有能終。與

之言曰富貴有極人當知足皆可爲後世戚里之法臣故表而出之

唐吳溆章敬皇后弟也（章敬肅宗后）德宗時爲金吾大將軍朱泚反據長安盧杞白志貞言於上曰臣觀朱泚心迹必不至爲逆願擇大臣入京城宣慰以察之上問從臣皆畏憚莫敢行溆獨請行上說溆退而告人曰食其祿而違其難何以爲臣吾幸託肺腑非不知往必死但舉朝無蹈難之臣使聖情慊慊耳遂奉詔詣泚泚反謀已決陽受命館溆客省尋殺之

臣按吳溆可謂知君臣之義矣自昔外戚未聞

以死狥其國者。而深能之。賢矣哉

穆宗疾大漸。命太子監國。宦官請郭太后臨朝稱制。后。憲宗正妃太后曰。昔武氏稱制。幾覆社稷。我家世守忠義。太后汾陽王子儀之孫也非武氏之比也。太子雖少。但得賢宰相輔之。卿等勿預朝政。何患國家不安。自古豈有女子爲天下主。而能致唐虞之理乎。取制書手裂之。太后兄太常卿釗聞有是議。密上牋曰。若果狥其請。臣請先率諸子納官爵。歸田里。太后泣曰。祖考之慶。終於吾兄。

臣按。以房闓而干大政。以戚里而豫朝權。非國

家令典也。故懿安太后不肯徇內臣之欲以臨朝。而郭釗亦有納官爵歸田里之請。其賢於人遠矣哉

以上論外家謙謹之福

教戚屬

外家驕恣之禍

漢宣帝甘露三年。太子所幸司馬良娣死。太子悲恚不樂。帝乃令皇后擇後宮家人子。可以娛侍太子者。得元城王政君。送太子宮。政君故繡衣御史賀之孫女也。是歲生成帝於甲館畫堂。爲世適皇孫。帝愛之。

自名曰鶩字大孫元帝初元元年立太子鶩爲皇太子竟寧元年五月帝崩六月巳未太子卽皇帝位以元舅侍中衛尉陽平侯王鳳爲大司馬大將軍領尚書事領尚書事今之宰相職也

臣按此王氏用事之始也

成帝建始元年春正月封舅諸吏光祿大夫關內侯王崇爲安成侯賜舅譚商立根逢時爵關內侯夏四月黃霧四塞詔博問公卿大夫無有所諱諫大夫楊興博士駟勝等對皆以爲陰盛侵陽之氣也高祖之約非功成不侯今太后諸弟皆以無功爲侯外戚未

豶豕之牙苗鬬之此其時矣

嘗有也故天爲見異於是大將軍鳳懼上書乞骸骨辭職上優詔不許

臣按是時王氏之權雖寖盛而權未專也故諸舅無功而侯楊興猶能言之

三年上専欲委任王鳳八月策免車騎將軍許嘉以特進侯就朝位四年夏上悉召前所舉直言之士詣白虎殿對策是時上委政王鳳議者多歸咎焉谷永知鳳方見柄用陰欲自託乃曰方今四夷賓服皆爲臣妾北無薰粥冒頓之患南無趙佗呂嘉之難三垂晏然靡有兵革之警諸侯大者乃食數縣漢吏制其

權柄。不得有爲。無吳楚燕梁之勢。百官盤互。親疏相錯。骨肉大臣。有申伯之忠。洞洞屬屬。小心畏忌。無重合安陽博陸之亂。三者無毛髮之辜。竊恐陛下舍昭昭之白過。忽天地之明戒。聽晻昧之瞽說。歸咎乎無辜。倚異乎政事。重失天心。不可之大者也。上擢永爲光祿大夫

臣按是時王氏之權浸專。故已有陰自附託。如谷永者

河平二年。六月。上悉封諸舅。王譚爲平阿侯。商爲成都侯。立爲紅陽侯。根爲曲陽侯。逢時爲高平侯。五人

同日封世謂之五侯

三年劉向以王氏權位太盛而上方嚮詩書古文向乃因尚書洪範集合上古以來歷春秋六國至秦漢符瑞災異之記推迹行事連傳禍福著其占驗比類相從各有條目凡十一篇號曰洪範五行傳論奏之天子心知向忠精故爲鳳兄弟起此論也然終不能奪王氏權

臣按王氏權位至此益盛雖劉向言之天子亦知之而終不能剪其權者不可奪也易曰履霜堅冰陰始凝也馴致其道至堅冰也陰之始凝

猶可爲也。至于堅冰，則不可爲矣。建始之初，王氏六人無功而封，天爲見異。於是時也，王氏之權未專，猶可奪也。至是則雖欲奪之，有不能矣。然則人君其可輕以權假人哉。

陽朔元年冬，京兆尹泰山王章下獄死。時大將軍鳳用事，上謙讓無所顓。左右嘗薦光祿大夫劉向少子歆通達有異材。上召見歆，誦讀詩賦，甚說之，欲以爲中常侍。召取衣冠。臨當拜，左右皆曰：未曉大將軍。上曰：此小事，何須關大將軍。左右叩頭爭之。上於是語鳳。鳳以爲不可，乃止。

戒王鳳是
杜欽非
其人

臣按一中常侍之拜天子不得專於是祿去王室矣。

王氏子弟皆卿大夫侍中。諸曹分據。埶官滿朝廷。杜欽見鳳專政泰重。戒之曰。願將軍由周公之謙懼。損穰侯之威魏冉放武安之欲。田蚡毋使范雎之徒。得間其說。鳳不聽。

臣按范雎之說秦昭王曰。臣之入關也。人知有穰侯而不知有王。漢至是。人知有王氏。不知有天子矣。故杜欽以此戒之。

時上無繼嗣。體常不平。定陶共王來朝。太后與上承

日為鳳食
非為定陶
王食推與
王以分巳
非尤奸

先帝意遇共王甚厚賞賜十倍於它王留之京師不
遣歸國上謂共王我未有子人命不諱一朝有他且
不復相見爾長留侍我矣其後天子疾益有瘳共王
因留國邸旦夕侍上上甚親重之大將軍鳳心不便
共王在京師會日食鳳因言日食陰盛之象定陶王
雖親於禮當奉藩在國今留侍京師詭正非常故天
見戒宜遣王之國上不得已於鳳而許之共王辭去
上與相對涕泣而決王章素剛直敢言雖為鳳所舉
臣不寤
非鳳專權不親附鳳乃封事言日食之咎皆鳳專權
君不寤
蔽主之過上召見章延問以事章對曰天道聰明佑

善而災惡以瑞異爲符效今陛下以未有繼嗣引近定陶王所以承宗廟重社稷上順天心下安百姓此正議善事當有祥瑞何故致災異災異之發爲大臣顓政者也今聞大將軍猥歸日食之咎於定陶王建遣之國苟使天子孤立於上顓擅朝事以便其私非忠臣也且日食陰侵陽臣顓君之咎今政事大小皆自鳳出天子曾不壹舉手鳳不內省責反歸咎善人推遠定陶王且鳳誣罔不忠非一事也前丞相樂昌侯商本以先帝外屬內行篤有威重位歷將相國家柱石臣也其人守正不肯屈節隨鳳委曲卒用閨門

之事為鳳所罷身以憂死衆庶愍之又鳳知其小婦弟張美人已嘗適人於禮不宜配御至尊託以為宜子內之後宮苟以私其妻弟聞張美人未嘗任身就館也且羌胡尚殺首子以盪腸正世況於天子而近已出之女也此三者皆大事陛下所自見足以知其餘及它所不見者鳳不可令久典事宜退使就第選忠賢以代之自鳳之白罷商後遣定陶王也上不能平及聞章言天子感寤納之謂章曰微京兆尹直言吾不聞社稷計且唯賢知賢君試為朕求可以自輔者於是章奏封事薦信都王舅瑯琊太守馮野王忠

欽言之而免咎章言之而殺身顧其人何如耳

信質直智謀有餘上自爲太子時數聞野王名方倚欲以代鳳章每召見上輒辟左右時太后從弟子侍中音獨側聽具知章言以語鳳鳳聞之甚憂懼杜欽令鳳稱病出就第上疏乞骸骨其辭旨甚哀太后聞之爲垂涕不御食上少而親倚鳳弗忍廢乃優詔報鳳彊起之於是鳳起視事上使尚書劾奏章知野王前以王舅出補吏而私薦之欲令在朝阿附諸侯又知張美人體御至尊而妄稱引羌胡殺子盪腸非所宜言下章吏廷尉致其大逆罪以爲比上夷狄欲絕繼嗣之端背畔天子私爲定陶王章竟死獄中妻子

從合浦自是公卿見鳳側目而視。

臣按成帝本尊章使言既不忍退鳳乃使尚書劾章是誘而陷之於罪也又何其不忍於弄權之臣而忍於爲國忠言之士也忠言之士爲誰計而略無愛惜之心邪。

二年夏四月以侍中太僕王音爲御史大夫於是王氏愈盛郡國守相刺史皆出其門下五侯羣弟爭爲奢侈賂遺珍寶四面而至皆通敏人事好士養賢傾財施予以相高尚賓客滿門競爲之聲譽劉向謂陳湯曰今災異如此而外家日盛其漸必危劉氏吾幸

得以同姓末屬累世蒙漢厚恩身爲宗室遺老歷事三主上以我先帝舊臣每進見常加優禮吾而不言孰當言者遂上封事極諫曰夫人臣操權柄持國政未有不爲害者也今王氏一姓乘朱輪華轂者二十三人青紫貂蟬充盈幄內魚鱗左右大將軍秉事用權五侯驕奢僭盛並作威福擊斷自恣行汙而寄治身私而託公依東宮之尊假甥舅之親以爲威重尚書九卿州牧郡守皆出其門筦執樞機朋黨比周稱譽者登進忤恨者誅傷遊談者助之說執政者爲之言排擯宗室孤弱公族其有智能者尤非毀而不進

小人有朋黨君子何有哉

遠絕宗室之任不令得給事朝省恐其與已分權數稱燕王蓋主以疑上心避諱呂霍而弗肯稱內有管蔡之萌外假周公之論兄弟據重宗族盤互歷上古至秦漢外戚僭貴未有如王氏者也物盛必有非常之變先見為其人微象孝昭帝時冠石立於泰山仆柳起於上林而孝宣帝即位今王氏先祖墳墓在濟南者其梓柱生扶疏上出屋根垂地中雖立石起柳無以過此之明也事勢不兩大王氏與劉氏亦且不並立如下有泰山之安則上有累卵之危陛下為人子孫守持宗廟而令國祚移於外親降為皁隸縱不

爲身奈宗廟何婦人内夫家而外父母家此亦非皇太后之福也孝宣皇帝不假舅平昌侯權所以全安之也夫明者起福於無形銷患於未萌宜發明詔吐德音援近宗室親而納信黜遠外戚毋授以政皆罷令就第以則效先帝之所行厚安外戚全其宗族此東宮之意外家之福也王氏永存保其爵祿劉氏長安不失社稷所以褒睦外内之姓子子孫孫無彊之計也如不行此策田氏復見於今六卿必起於漢爲後嗣憂昭昭甚明唯陛下深留聖思書奏天子召見向歎息悲傷其意謂曰君且休矣吾將思之然不能

死猶聽其言成帝哀傷劉向之意與佯議

用其言。

臣按劉向斥言王氏專權之咎可謂切至矣至今讀者猶爲流涕況當日乎而成帝徒歎息悲傷而不用其言是樂以祖宗天下與人而不之惜也異哉

三年秋王鳳疾天子數自臨問親執其手涕泣曰將軍病如有不可言平阿侯譚次將軍矣鳳頓首泣曰譚等雖與臣至親行皆奢僭無以率導百姓不如御史大夫音謹勑臣敢以死保之及鳳且死上疏謝上復固薦音自代言譚等五人必不可用天子然之初

上章之疏
盡虛文耳

譚倨不肯事鳳，而音敬鳳，卑恭如子，故鳳薦之。八月，鳳薨。九月，以王音爲大司馬車騎將軍，而王譚位特進，領城門兵。

臣按：劉向之有言，成帝未能退鳳，猶有可諉者。旣幸而自斃矣，收還威柄，考論輔相，罷大司馬大將軍領尚書之職，而歸之廟朝，此一機也。乃復用其所薦者，付以政事，是國家大柄無時而可收，而使漢業終移於王氏而後已也。吁！

鴻嘉元年，封王音爲安陽侯。三年，王氏五侯爭以奢侈相尚。成都侯商嘗病，欲避暑，從上借明光宮，後又

穿長安城引內灃水注第中大陂以行舡上幸商第
見穿城引水意恨內銜之未言帝微行出過曲陽侯
根第又見園中土山漸臺象白虎殿於是上以讓車
騎將軍音根兄弟欲自黥劓以謝太后上聞之大怒
使尚書責問司隸校尉京兆尹知成都侯商等奢僭
不軌藏匿姦猾皆阿縱不舉奏正法二人頓首省戶
下又賜車騎將軍音策書曰外家何甘樂禍敗而欲
自黥劓相戮辱於太后前傷慈母之心以危亂國家
外家宗族彊上一身寖弱日久今將一施之君其召
諸侯令待府舍是日詔尚書奏文帝誅將軍薄昭故

事。車騎將軍音藉槀請罪，商、立、根皆負斧質謝。良久乃已。上特欲恐之，實無意誅也。

臣按：成帝既知外家奢侈之過度，縱未即誅，亦當奪其職任，各遣就國，乃所以警飭而全安之也。曾是不能，而威怒徒發，祇足以取其侮玩而已。果何益哉。

永始元年，初，太后兄八人，獨弟曼早死不侯。太后憐之。曼寡婦渠供養東宮，子莽幼孤，不及等比。其羣兄弟皆將軍、五侯子，乘時侈靡，以輿馬聲色佚遊相高。莽因折節爲恭儉，勤身博學，被服如儒生，事母及寡嫂養孤兄子行甚敕備又外交英俊內事諸父曲有禮意大將軍鳳病莽侍疾親嘗藥亂首垢面不解衣帶連月鳳且死以託太后及帝拜爲黃門郎遷射聲校尉久之叔父成都侯商上書願分戶邑以封莽長樂少府戴崇侍中金涉中郎陳湯等皆當世名士咸爲莽言上由是賢莽太后又數以爲言五月封莽爲新都侯遷騎都尉光祿大夫侍中宿衞謹敕爵位益尊節操愈謙振施賓客家無所餘收贍名士交結將相卿大夫甚衆故在位更相推薦虛譽隆洽傾其諸父矣

臣按此新莽飾詐盜名之始也。

二年。春正月。安陽侯王音薨。三月以成都侯王商爲大司馬衛將軍。

臣按鳳死而音繼之。音死而商繼之。是漢家將相之任爲王氏世襲之私矣。

二年。十二月。故南昌尉九江梅福上書曰。方今君命犯而主威奪。外戚之權。日以益隆。陛下不見其形。願察其景。建始以來。日食地震。以率言之。三倍春秋。水災亡與比數。陰盛陽微。金鐵爲飛。此何景也。漢興以來。社稷三危。呂霍上官。皆母后之家也。親親之道。全之爲右當與之賢師良傅教以忠孝之道今乃尊寵其位授以魁柄使之驕逆至於夷滅此失親之大者也自霍光之賢不能爲子孫慮故權臣易世則危書曰毋若火始燄燄勢陵於君權隆於上然後防之亦無及已上不納

臣按王章坐言王氏以死之後前惟劉向以宗室遺老盡言後惟梅福以一尉盡言而成帝皆不能用也非所謂樂其所以亡者邪吁可歎哉

元延元年十二月王商爲大將軍薨薦弟光祿勳曲陽侯根以根爲大司馬車騎將軍

鄙夫

安昌侯張禹雖家居以特進天子師國家每有大政必與定議時吏民多上書言災異之誡譏切王氏專政所致上意頗然之未有以明見乃車駕至禹第辟左右親問禹以天變因用吏民所言王氏事示禹禹自見年老子孫弱又與曲陽侯不平恐為所怨則謂上曰春秋日食地震或為諸侯相殺夷狄侵中國災變之意深遠難見故聖人罕言利命不語怪神性與天道自子贛之屬不得聞何況淺見鄙儒之所言陛下宜修政事以善應之與下同其福善此經義意也新學小生亂道誤人宜無信用以經術斷之上雅信

可恨在此句

附言繆典。不勝誅矣

愛禹由此不疑王氏後曲陽侯根及諸王子弟聞知
禹言皆喜說遂親就禹故槐里令朱雲上書求見公
卿在前雲曰今朝廷大臣上不能匡主下無以益民
皆尸位素餐孔子所謂鄙夫不可以事君苟患失之
亡所不至者也臣願賜尚方斬馬劒斷佞臣一人頭
以厲其餘上問誰也對曰安昌侯張禹上大怒曰小
臣居下訕上廷辱師傅罪死不赦御史將雲下殿攀
殿檻折雲呼曰臣得下從龍逄比干遊於地下足矣
未知聖朝何如耳御史遂將雲去於是左將軍辛慶
忌免冠解印綬叩頭殿下曰此臣素著狂直於世使

其言是不可誅其言非固當容之臣敢以死爭慶忌叩頭流血上意解然後得已及後當治檻上曰勿易因輯之以旌直臣

臣按張禹爲帝師傅而附下罔上如此其可謂不忠也矣宜朱雲之廷斥也

三年春正月蜀郡岷山崩壅江三日江水竭劉向大惡之曰昔周岐山崩三川竭而幽王亡岐山者周所興也漢家本起於蜀漢今所起之地山崩川竭星孛又乃攝提大角從參至辰殆必亡矣

綏和元年十月王根病免根薦莽自代以莽爲大司

馬。時年三十八。莽既拔出同列。繼四父而輔政。欲令名譽過前人。遂克已不倦。聘諸賢良以爲掾史。賞賜邑錢悉以享士。愈爲儉約。母病。公卿列侯遣夫人問疾。莽妻迎之。衣不曳地。布蔽膝。見之者以爲僮使。問知其夫人。皆驚。其飾名如此。

二年。三月。成帝崩。四月。哀帝即位。七月。莽罷就第。哀帝建平二年。莽就國。

元壽二年。六月。哀帝崩。太皇太后即日駕之未央宮。收取璽綬。詔公卿舉可大司馬者。莽故大司馬。辭位避丁傅。衆庶稱以爲賢。又太皇太后近親。自大司徒

二人爲國謀則可爲己謀則不可

孔光以下。舉朝皆舉莽。獨前將軍何武。左將軍公孫祿。二人相與謀。以爲往時惠昭之世。外戚呂霍上官持權。幾危社稷。今孝成孝哀比世無嗣。方當選立近親幼主。不宜令外戚大臣持權。親疏相錯。爲國計便。於是武舉公孫祿可大司馬。而祿亦舉武。太皇太后自用莽爲大司馬。領尚書事。迎中山王即位。年九歲。

臣按何武公孫祿之言。忠言也。使太后聽而用之。選外臣以當大司馬之任。而迎宗室之賢且長者。以繼哀帝之後。則一舉而劉氏安矣。后乃私其所親。付莽以政。迎立幼君。莽於是顓秉國柄百官總已以聽之踰一年封安漢公二年以女配帝四年加號宰衡五年策命以九錫明年而居攝又為假皇帝又明而而即真矣及是劉向梅福之言亡一弗驗者漢四百年之統緒於是中絕原其始由成帝假諸舅以權而无后私外家以政長其羽翼成篡盜之謀然居位幾何天怨人畔義兵四起僇死漸臺肢體殊分宗族翦滅後之人主觀此當以漢成為戒而居戚里者亦以莽為戒則臣主俱全之道也莽事已見篡臣篇復略著于此云

漢章帝建初二年帝納竇勳女爲貴人有寵三年立貴人竇氏爲皇后。

八年皇后兄憲爲侍中虎賁中郎將弟篤爲黄門侍郎並侍宫省賞賜累積喜交通賓客司空第五倫上疏曰伏見虎賁中郎將竇憲椒房之親典司禁兵出入省闥年盛志美卑讓樂善此誠其好士交結之方。然諸出入貴戚者類多瑕釁禁錮之人尤少守約安貧之節士大夫無志之徒更相販賣雲集其門蓋驕泆所從生也三輔論議者至云以貴戚廢錮當復以貴戚浣濯之猶解酲當以酒也詖險趣勢之徒誠不

可親近臣願陛下嚴敕憲等閉門自守無妄交通士大夫防其未萌慮於無形令憲永保福祿君臣交歡無纖介之隙此臣之所至願也

臣按是時竇氏之勢未大盛也而第五倫已爲章帝言之忠臣之心防微杜漸每每如此人君不可以不察也

憲恃宮掖聲勢自王主及陰馬諸家莫不畏憚憲以賤直請奪沁水公主園田主逼畏不敢計後帝出過園指以問憲憲陰喝不得對後發覺帝大怒召憲切責曰深思前過奪主田園時何用愈趙高指鹿爲馬

久念使人驚怖昔永平中常令陰博鄧疊三人更相糾察故諸豪戚莫敢犯法者今貴主尚見枉奪何況小民哉國家棄憲如孤雛腐鼠耳憲大懼皇后爲毀服深謝良久乃得解使以田還主雖不繩其罪然亦不授以重任

司馬光曰人臣之罪莫大於欺罔是以明君疾之孝章謂竇憲何異指鹿爲馬善矣然卒不能罪憲則姦臣安所懲哉夫人主之於臣下患在不知其姦苟或知之而復赦之則不若不知之爲愈也何以言之彼或爲姦而上不之知猶有所畏既知而

不能討。彼知其不足畏也。則放縱而無所顧矣。是故知善而不能用。知惡而不能去。人主之深戒也

臣按成帝知五侯之罪而不能討。而王氏益肆。孝章知憲之罪而不能討。而竇氏益橫。故容姦長惡者。人主之大戒也。

元和三年三月。太尉鄭弘數陳侍中竇憲權埶太盛。言甚苦切。憲疾之。會弘奏憲黨尚書張林。雒陽令楊光在官貪殘。書奏。吏與光故舊。因以告之。光報憲。憲奏弘大臣漏泄密事。帝詰讓弘。夏四月。收弘印綬。弘自詣廷尉。詔勑出之。因乞骸骨歸。未許。病篤。上書陳謝

曰竇憲姦惡貫天達地海內疑惑賢愚疾惡謂憲何術以迷主上近日王氏之禍昞然可見陛下處天子之尊保萬世之祚而信讒佞之臣不計存亡之機臣雖命在晷刻死不忘忠願陛下誅四凶之罪以厭人鬼憤結之望帝省章遣醫視弘病比至已薨

臣按鄭弘垂歿而陳竇氏之患有昔人尸諫之風矣章帝乃不之察悲夫

章和二年春正月帝崩太子即位年十歲尊皇后曰皇太后臨朝竇憲以侍中內幹機密出宣誥命弟篤爲虎賁中郎將篤弟景瓌並爲中常侍兄弟皆在親

要之地。憲客崔駰以書戒憲曰。傳曰。生而富者驕。生而貴者傲。生富貴而不驕傲者。未之有也。今寵祿初隆。百僚觀行。豈可不庶幾夙夜以永終譽乎。昔馮野王以外戚居位。稱爲賢臣。近陰衛尉克己復禮。終受多福。外戚所以獲譏於時。乘愆於後者。蓋在滿而不挹。位有餘而仁不足也。漢興以後。迄于哀平。外家二十。保族全身。四人而已。書曰。鑒于有殷。可不慎哉。

臣按崔駰所謂四人者。景帝王皇后也。王后生武帝宣帝許皇后。王皇后也。哀帝母丁姬也。然嘗攷之田蚡之驕橫。蓋僅而獲免。蚡者王后之異母兄而丁氏之禍亦見於身後王莽時掘丁姬塚其獲全而無患者平恩許后父廣漢也邛成王后父封邛成侯二家而已然則居戚里蒙上恩者其可不兢兢以自保乎

秋七月南單于上言請出兵共討北匈奴太后議欲從之會齊殤王子都鄉侯暢來弔國憂太后數召見之竇憲懼暢分宮省之權遣客刺殺暢於屯衛之中而歸罪於暢弟利侯剛乃使侍御史與青州刺史雜考剛等尚書韓稜以為賊在京師不宜捨近問遠恐為姦臣所笑太后怒以切責稜稜固執其議何敞說宋由請獨奏案之由乃許焉二府聞敞行皆遣主者

人閉憲隨
竇憲大

隨之。於是推舉具得事實。太后怒閉憲於內宮。憲懼誅。因求擊匈奴以自贖。

和帝永元元年春。竇憲將征匈奴。三公九卿詣朝堂上書諫。以為匈奴不犯邊塞。而無故勞師遠涉。損費國用。徼功萬里。非社稷之計。書連上。輒寢。宋由懼。不敢復署議。諸卿稍自引止。唯任隗袁安固爭前後十上。曰。羣僚百姓皆言不可。陛下獨柰何以一人之計。棄萬人之命。不恤其言乎。太后不聽。

臣按。竇太后以私一弟之故。擅興師旅。以挑遠夷。公卿言之。一切不聽。徒欲憲之有功以贖罪而不知適以重其罪也。

夏六月竇憲出朔方雞鹿塞。分遣副校尉閻盤等破北單于於稽落山。

秋九月。以竇憲爲大將軍。竇氏兄弟驕縱。而執金吾景尤甚。奴客緹騎彊奪人財貨。簒取罪人。妻略婦女。商賈閉塞。如避寇讎。又擅發緣邊諸郡突騎有才力者。有司莫敢舉奏。袁安劾景擅發邊兵。驚惑吏民。二千石不待符信。而輒承景檄。當伏顯誅。又奏司隸校尉河南尹阿附貴戚。不舉劾。請免官案罪。並寢不報尚書何敞上封事曰。昔鄭武姜之幸叔段。衛莊公之

寵州吁愛而不教終至凶戾由是觀之愛子若此猶
饑而食之以毒適所以害之也伏見大將軍憲始遭
大憂公卿比奏欲令典幹國事憲深執謙退固辭盛
位懇懇勤勤言之深至天下聞之莫不悅喜今踰年
無幾大禮未終卒然中改兄弟專朝憲秉三軍之重
篤景總宫衛之權而虐用百姓奢侈僭偪誅戮無罪
肆心自快今者論議訩訩咸謂叔段州吁復生於漢
臣觀公卿懷持兩端不肯極言者以爲憲等若有匪
懈之志則已受吉甫褒申伯之功如憲等陷於罪辜
則自取陳平周勃順吕后之權終不以憲等吉凶爲

憂也。臣敞區區。誠欲計策兩安。絕其綿綿。塞其涓涓。上不欲令皇太后損大母之號。陛下有誓泉之譏。下使憲等得長保其福祐也。駙馬都尉瓌。比請退身。願抑家權。可與參謀聽順其意。誠宗廟至計。竇氏之福。時濟南王康尊貴驕甚。憲乃白出敞爲濟南太傅。康有違失。敞輒諫爭。雖不能從。然素敬重敞。無所嫌牾焉。

臣按何敞之言。非獨忠於漢室。是亦忠於竇氏也。而乃祖公孫弘去汲黯之故智。黜之以相諸侯王之貴驕者。是欲陷而殺之也。不仁之人。可

與言哉

三年春二月，竇憲左校尉耿夔等，破北單于於金微山。竇憲既立大功，威名益盛，以耿夔任尚等為爪牙，鄧疊郭璜為心腹，班固傅毅之徒典文章，刺史守令多出其門。競賦斂吏民，共為賂遺。司徒袁安司空任隗舉奏諸二千石，并所連及貶秩免官者四十餘人。竇氏大恨。但安隗素行高，亦未有以害之。尚書僕射樂恢刺舉無所回避，憲等疾之。恢上疏曰：陛下富於春秋，纂承大業，諸舅不宜幹正王室，以示天下之私。方今之宜，上以義自割，下以謙自引，四舅可長保爵土之榮。皇太后。永無懣負宗廟之憂。誠策之上者也。書奏。不省。恢稱疾乞骸骨歸長陵。憲風厲州郡。迫脅恢飲藥死。於是朝臣震慴。望風承旨。無敢違者。袁安以天子孤弱。外戚擅權。每朝會進見。及與公卿言國家事。未嘗不噫嗚流涕。自天子及大臣。皆恃賴之。

臣按竇氏之埶至此益橫。使無袁安任隗以直道爲朝廷重。少折其姦萌。則憲之包藏未可知也。然安隗能折之。而不能去之。則於三公之權素輕故耳。光武貽謀之失。可勝歎哉。

四年。初廬江周榮辟袁安府。安舉奏竇景。及爭立北單于事。皆榮所具草。竇氏客太尉掾徐齮惡之。脅榮曰。子爲袁公腹心之謀。排奏竇氏。竇氏悍士刺客滿城中。謹備之矣。榮曰。榮江淮孤生。得備宰士。縱爲竇氏所害。誠所甘心。因敕妻子。若卒遇飛禍。毋得殯歛。冀以區區腐身覺悟朝廷。

臣按竇氏手握大權。又布悍士刺客於都城。以脅異己者。其志果何爲也。臣故曰其包藏未可知也。

夏四月。竇憲還至京師。

臣按憲既破匈奴。奏凱言歸。則其埶燄愈熾。不

欲得之。何爲

可復制矣。

竇氏父子兄弟。並爲卿校。充滿朝廷。穰侯鄧疊。疊弟步兵校尉磊。及母元。憲女婿射聲校尉郭舉。舉父長樂少府璜。其相交結。元舉並出入禁中。舉得幸太后。遂共圖爲殺害。帝陰知其謀。是時憲兄弟專權。帝與內外臣僚莫由親接。所與居者閹宦而已。帝以朝臣上下莫不附憲。獨中常侍鉤盾令鄭衆。謹敏有心機。不事豪黨。遂與定議誅憲。以憲在外。慮其爲亂。忍而未發。會憲與鄧疊皆還京師。時清河王慶恩遇尤渥。常入省宿止。帝將發其謀。欲得外戚傳。懼左右不敢

使令慶私從千乘王求夜獨內之又令慶傳語鄭衆
求索故事庚申帝幸北宮詔執金吾五校尉勒兵屯
衛南北宮閉城門收捕郭璜郭舉鄧疊鄧磊皆下獄
死遣謁者僕射收憲大將軍印綬更封爲冠軍侯與
篤景瓌皆就國帝以太后故不欲名誅憲爲選嚴能
相督察之憲篤景到國皆迫令自殺河南尹張酺數
以正法繩治竇景及竇氏敗酺上疏曰方憲等寵貴
羣臣阿附唯恐不及皆言憲受顧命之託懷伊呂之
忠至乃復比鄧夫人於文母今嚴威既行皆言當死
不復顧其前後考折厥衷臣伏見夏陽侯瓌每存忠

善。前與臣言。常有盡節之心。撿敕賓客。未嘗犯法。臣聞王政骨肉之刑有三宥之議。過厚不過薄。今議者欲爲瓌選嚴能相。恐其迫切必不完免。宜裁加貸宥。以崇厚德。帝感其言。由是瓌獨得全。竇氏宗族賓客以憲爲官者。皆免歸故郡。

臣按養竇氏之惡。不制於其微者。章帝也。不治其擅殺人之罪。而使立功以自贖。功成而益驕以橫者。竇后也。及其逆節既萌。不獲已而誅之。勒兵屯衛。如防大敵。僅而克之。豈不危哉。況不謀之公卿近臣。而謀之閹寺。憲雖就僇。而閹寺

之權。遂由此起。其禍有甚於外戚者。故臣以爲

此章帝與竇后之罪也。

順帝陽嘉元年。立梁氏爲皇后。后父梁商加位特進。頃之。拜執金吾。梁商子冀爲襄邑侯。尚書令左雄諫曰。梁冀之封。事非機急。宜過災戹之運。然後平議可否。於是冀父商讓還冀封。書十餘上。從之。

夏六月。帝引公卿所舉敦樸之士。問以當世之敝。爲政所宜。李固對曰。夫妃后之家。所以少完全者。豈天性當然。但以爵位尊顯。顓總權柄。天道惡盈。不知自損。故至顛仆。先帝寵遇閻氏。位號太疾。故其受禍。曾

不旋時孟子曰其進銳者其退速也今梁氏戚爲椒房禮所不臣尊以高爵尚可然也而子弟羣從榮顯兼加永平建初故事殆不如此宜令步兵校尉冀及諸侍中還居黄門之官使權去外戚政歸國家豈不休乎

臣按梁氏貴盛未及朞年不過榮顯兼加而已左雄旣諫止其封李固又乞抑止其寵忠臣之心慮於未形大抵如此使順帝能早從其言則國家異時無弑逆之禍梁氏亦免赤族之誅豈不休哉

永和元年。以執金吾梁冀爲河南尹。冀性嗜酒。逸遊自恣。居職多縱暴非法。

六年。梁商薨。以河南尹冀爲大將軍。冀弟不疑爲河南尹。

司馬光曰。成帝不能選任賢俊。委政舅家。可謂闇矣。猶知王立之不材。棄而不用。順帝援大柄授之后族。梁冀頑嚚凶暴。著於平昔。而使之繼父之位。終於悖逆。蕩覆漢室。校於成帝。闇益甚焉。

漢安元年。遣侍中杜喬周舉。守光祿大夫周栩馮羨欒巴張綱郭遵劉班等。分行州郡。表賢良。顯忠勤。其

貪汚有罪者。刺史二千石驛馬上之。墨綬以下。便輒
收舉。喬等受命之部。張綱獨埋其車輪於雒陽都亭。
曰。豺狼當道。安問狐狸。遂劾奏大將軍冀、河南尹不
疑。以外戚蒙恩。居阿衡之位。而專肆貪叨。縱恣無極。
多樹諂諛。以害忠良。誠天威所不赦。大辟所宜加也。
謹條其無君之心十五事。斯皆臣子所切齒者也。書
奏御。京師震悚。時皇后寵方盛。諸梁姻族滿朝。帝雖
知綱言直。不能用也。八使所劾奏。多梁冀及宦者親
黨。互爲請救。事皆寢遏。冀恨張綱。思有以中傷之。時
廣陵賊張嬰。寇亂揚徐閒積十餘年。二千石不能制。

冀乃以綱爲廣陵太守。以書喻嬰。面縛歸降。

臣按是時后寵方盛。而姻族滿朝。其勢駸駸有不可制者。故帝雖知綱言直。而不能用也。傳曰。禁微者易。抑末者難。臣以是惜李固之言。不行於陽嘉之際也。後之人主。宜深戒之。

建康元年秋八月。帝崩。太子卽皇帝位。年二歲。尊皇后曰。皇太后。太后臨朝。九月。京師及太原鴈門地震。詔舉賢良方正之士。策問之。皇甫規對曰。伏惟孝順皇帝。初勤王政。遠近翕然。望見太平。而災異不息。寇賊縱橫。殆以姦臣權重之所致也。其常侍尤無狀者。

宜亟黜遣。披掃凶黨。收入財賄。以塞痛怨。以荅天誡。大將軍冀。河南尹不疑。亦宜增脩謙節。輔以儒術。省去遊娛不急之務。割減廬第無益之飾。夫君者舟也。民者水也。羣臣乘舟者也。將軍兄弟操檝者也。若能平志畢力。以度元元。所謂福也。如其怠弛。將淪波濤。可不慎乎。夫德不稱祿。猶鑿墉之址。以益其高。豈量力審功安固之道哉。凡諸宿猾酒徒戲客。皆宜貶斥。以懲不軌。令冀等深思得賢之福。失人之累。梁冀忿之。以規爲下第。拜郎中。託疾免歸。州郡承冀旨。幾陷死者再三。遂沈廢於家。積十餘年。

臣按皇甫規舟檝之喻可謂忠矣使冀能以保國全家爲心諮諏善道惟新令圖以濟國家於險則同舟之人其有不安者乎同舟之人安矣操檝之人其有不與者乎顧方忿其忠言欲寘之死所謂安危利菑而樂其所以亡也不仁之人可與言哉

沖帝永嘉元年春正月帝崩徵清河王蒜及渤海孝王鴻之子纘皆至京師清河王爲人嚴重動止有法度公卿皆歸心李固謂大將軍冀曰今當立帝宜擇長年高明有德任親政事願將軍詳審大計察周霍

之立文宣戒鄧閻之利幼弱冀不從與太后定策禁
中冀持節以青葢車迎纘入南宮封爲建平侯其日
即皇帝位年八歲
質帝本初元年帝少而聰慧嘗因朝會目梁冀曰此
跋扈將軍也冀聞深惡之閏六月冀使左右置毒於
煑餅以進之帝苦煩甚使促召太尉李固固入前問
帝得患所由帝尚能言曰食煑餅今腹中悶得水尚
可活時冀亦在側曰恐吐不可飲水語未絕而崩固
伏尸號哭推舉侍醫冀慮其事泄大惡之將議立嗣
固與司徒胡廣司空趙戒先與冀書遠尋先世廢立

舊儀。近見國家踐阼。前事未嘗不詢訪公卿。廣求羣
議。令上應天心。下合衆望。冀得書。乃召三公中二千
石列侯。大議所立。固廣。戒及大鴻臚杜喬皆以爲清
河王蒜明德著聞。又屬最尊親。宜立爲嗣。朝臣莫不
歸心。而中常侍曹騰嘗謁蒜。蒜不爲禮。宦官由此疾
之。初平原王翼既貶歸河間。其父請分蠡吾縣以侯
之。順帝許之。翼卒。子志嗣。梁太后欲以女弟妻志。徵
到夏門亭。會帝崩。梁冀欲立志。衆論既異。憤憤不得
意。而未有以相奪。曹騰等聞之。夜往說冀曰。將軍累
世有椒房之親。秉攝萬機。賓客縱橫。多有過差。清河

王嚴明若果立則將軍受禍不久矣不如立蠡吾侯富貴可長保也冀然其言明日重會公卿冀意氣凶凶言辭激切自胡廣趙戒而下莫不懾憚皆曰惟大將軍令獨李固杜喬堅守本議冀厲聲曰罷會固猶望衆心可立復以書勸冀冀激怒說太后先策免固以司徒胡廣爲太尉司空趙戒爲司徒與大將軍冀參錄尚書事迎蠡吾侯志入南宮其日卽皇帝位年十五太后猶臨朝政

臣按梁冀利冲帝之幼弱而立之既又惡其聰慧而弑之及其立主則舍清河而取蠡吾人君

> 李固不死亦爲失節不去幾于無耻幸有一逐不

廢置一出其手矣雖有一李固其如之何哉

秋七月大將軍掾朱穆奏記勸戒梁冀願專心公朝割除私欲廣求賢能斥遠佞惡爲皇帝置師傅得小心忠篤敦禮之士將軍與之俱入參勸講授師賢法古此猶倚南山坐平原也誰能傾之又薦种暠欒巴等冀不能用

臣按朱穆之言美矣然謹選師傅開導人主者忠臣愛君者之所爲也冀之心方利人主之愚且闇然後已得以自專其肯進忠賢以輔君德哉宜其不能用也

桓帝建和元年光祿勳杜喬爲太尉自李固之廢內外喪氣羣臣側足而立唯喬正色無所回撓由是朝臣皆倚望焉秋七月詔以定策功益封梁冀萬三千戶封冀弟不疑爲潁陽侯喬諫曰古之明君皆以用賢賞罰爲務陛下自藩臣即位天人屬心不急忠賢之禮而先左右之封梁氏一門宦者微孽並帶無功之紱裂勞臣之土其爲乖濫胡可勝言夫有功不賞爲善失其望姦回不詰爲惡肆其凶書奏不省

臣按桓帝之立梁冀之力也而杜喬以爲不當賞何哉蓋人君之得天位天之命也命出於天

何不自免而爲災異免

深得此一死二公心事大白

而人臣竊之以爲己功。人君舉其功歸之臣下。
是皆不知有天命者也。杜喬之言。不亦正乎。
八月。立皇后梁氏。梁冀欲以厚禮迎之。杜喬據執舊
典。不聽。由是日忤於冀。九月。京師地震。喬以災異策
免。

宦者唐衡左悺等。共譖杜喬於帝曰。陛下前當即位
喬與李固抗議。以爲不堪奉漢宗祀。帝亦怨之。會清
河劉文與南郡妖賊劉鮪謀立清河王蒜。事覺伏誅。
冀因誣李固杜喬云與文鮪交通。收固喬皆死獄中。
臣按。是時公卿大臣。能與冀爲同異者。李固杜

壽而已。二人旣以非罪而死。則餘皆媮合苟容。

莫敢有正言其罪者矣。宜梁氏之益橫也。

和平元年。春正月。太后詔歸政於帝。始罷稱制。二月

太后梁氏崩。增封大將軍冀萬戶。并前合三萬戶。封

冀妻孫壽爲襄城君。壽善爲妖態以蠱惑冀。冀甚寵

憚之。冀與壽對街爲宅。殫極土木。互相誇競。金玉珍

怪充積藏室。又廣開園圃。採土築山十里九阪。深林

絕澗。有若自然。奇禽馴獸。飛走其間。冀壽共乘輦車。

遊觀第內。多從倡伎。酣謳竟路。或連日繼夜。以騁娛

恣。客到門不得通。皆請謝門者。門者累千金。又多拓

林菀。周徧近縣。起兔菀於河南城西。經亘數十里。移檄所在。調發生兔。刻其毛以爲識。人有犯者。罪至死刑。冀用壽言。多斥奪諸梁在位者。外以示謙讓。而實崇孫氏。孫氏宗親冒名爲侍中。卿校郡守長吏十餘人。皆貪饕凶淫。各遣私客籍屬縣富人。被以他罪。閉獄掠考。使出錢自贖。貲物少者至於死徙。冀又遣客周流四方。遠至塞外。廣求異物。而使人復乘埶横暴。妻略婦女。毆擊吏卒。所在怨毒。侍御史朱穆自以冀故吏。奏記諫曰。夫將相大臣。均體元首。共輿而馳。同舟而濟。輿傾舟覆。患實共之。豈可以去明即昧。履危自安。主孤時困。而莫之䘏乎。冀不納。冀雖專朝縱橫而猶交結左右宦官。任其子弟賓客以爲州郡要職欲以自固恩寵。穆又奏記極諫。冀終不悟。報書云。如此僕亦無一可邪。然素重穆亦不甚罪也。

臣按。梁氏之罪。至是已滔天矣。朱穆猶惓惓欲止其末流。忠賢之心。固如此也。然不幾於不可與言而與之言者乎。吁。冀有如是之故吏。苟能聽其忠言。幡然改過。縱未得爲善人。或庶幾免於喪元覆族之禍。而迷不自悟。其可謂下愚不移也夫。

元嘉元年。帝欲褒崇梁冀。使中朝二千石以上會議其禮。特進胡廣等。咸稱冀之勳德。宜比周公。錫之山川。土田附庸。黃瓊獨曰。冀可比鄧禹。合食四縣。朝廷從之。於是有司奏冀入朝不趨。劒履上殿。謁讚不名。禮儀比蕭何。悉以定陶陽城餘戶增封爲四縣。比鄧禹。賞賜金錢奴婢綵帛車馬衣服甲第。比霍光。以殊元勳。每朝會。與三公絕席。十日一入。平尚書事。宣布天下。爲萬世法。冀猶以所奏禮薄。意不悅。

臣按。自昔權臣用事。必有佞諛之士。張大其功德。以惑人主。欺天下。然後權臣之欲。愈熾。而不

可過故在王莽時則有如孔光者以周公比莽
莽緣此以居攝而簒埶成梁冀之凶愎是亦一
莽也則有如胡廣者以周公比冀是將復導以
居攝簒奪之事也賴黄瓊獨持正議少殺其禮
然合鄭侯高密博陸三功臣之寵以加之亦可
謂過矣冀曾不自揆而猶以爲薄是必欲如周
公而後已也吁可謂至愚也哉

延熹元年夏五月甲戌晦日有食之太史令陳授因
小黄門徐璜陳日食之變咎在大將軍冀冀聞之諷
雒陽收考授死於獄帝由是怒冀

臣按冀嘗弑君矣而帝不怒也又嘗殺大臣矣而帝亦不怒也迨陳授之死而後怒者授因黃門而陳日食之變是必與中常侍素善者也授之死中常侍必有爲之言者故帝於是始怒與然則帝非爲陳授而怒直爲黃門而怒耳臣嘗謂桓靈之爲君非天下之君黃門之君也此亦其一端云

冬十二月以京兆尹陳龜爲度遼將軍大將軍冀與陳龜素有隙譖其沮毀國威挑取功譽不爲北兵所畏坐徵還遂乞骸骨歸田里復徵爲尚書冀暴虐日

甚。龜上疏言其罪狀請誅之。帝不省。龜自知必爲冀
所害。不食七日而死。二年六月梁皇后恃姊兄廕埶。
恣極奢靡。兼倍前世。專寵妬忌。六宮莫得進見。及太
后崩。恩寵漫衰。后既無子。每宮人孕育。鮮得全者。帝
雖迫畏梁冀。不敢譴怒。然進御轉稀。后益憂恚。秋七
月崩。梁冀一門。前後七侯。三皇后。六貴人。二大將軍。
夫人女食邑稱君者七人。尚公主者三人。其餘卿將
尹校五十七人。冀專擅威柄。凶恣日積。宮衛近侍。並
樹所親。禁省起居。纖微必知。其四方調發。歲時貢獻。
皆先輸上第於冀。乘輿乃其次焉。吏民齎貨求官請

其漢子

罪者道路相望百官遷召皆先到冀門牋檄謝恩然後敢詣尚書下邳吳樹爲宛令之官辭冀冀賓客布縣界以請託樹樹曰小人姦蠹比屋可誅明將軍處上將之位宜崇賢善以補朝闕自侍坐以來未聞稱一長者而多託非人誠非敢聞冀嘿然不悅樹到縣遂誅殺冀客爲人害者數十人樹後爲荆州刺史辭冀冀鴆之出死車上

郎中汝南袁著年十九詣闕上書曰夫四時之運功成則退高爵厚寵鮮不致災今大將軍位極功成可爲至戒宜遵縣車之禮高枕頤神傳曰木實繁者披

枝害心若不抑損盛權將無以全其身矣冀聞而密遣掩捕著乃變易姓名託病僞死結蒲爲人市棺殯送冀知其詐求得笞殺之

涿郡崔琦以文章爲冀所善琦作外戚箴白鵠賦以風冀怒琦曰昔管仲相齊樂聞譏諫之言蕭何佐漢乃設書過之吏今將軍累世台輔任齊伊周而德政未聞黎元塗炭不能結納貞良以救禍敗反欲鉗塞士口杜蔽主聽將使玄黃改色馬鹿易形乎冀無以對因遣琦歸琦懼而亡匿冀捕得殺之

臣按人臣之罪莫大於弑君冀既嘗犯之矣則

其擅殺士大夫特細故末節耳而臣於邊帥之
死陳龜之死吳植之死袁著崔琦之死不之略
者於以見光武明章崇獎節誼成一代之風俗
雖權彊之臣殺生在手士大夫未嘗少有畏懾
之心昌言勁論直指其惡死者相屬於前而來
者復奮於後漢祚雖微而姦臣猶有所顧忌而
不敢動者其此之故與

冀秉政幾二十年威行內外天子拱手不得有所親
與帝既不平之及陳授死帝愈怒因如厠獨呼小黃
門史唐衡問左右與外舍不相得者誰乎衡對中常

文樹敨

侍單超。小黃門史左悺。與梁不疑有隙。中常侍徐璜。黃門令具瑗常私忿疾外舍放橫。口不敢道。於是帝呼超悺入室。謂曰。梁將軍兄弟專朝。迫脅內外。公卿以下。從其風旨。今欲誅之。於常侍意如何。超等對曰。誠國姦賊。當誅日久。臣等弱劣。未知聖意何如耳。帝曰。審然者。常侍密圖之。對曰。圖之不難。但恐陛下狐疑。帝曰。姦臣脅國。當伏其罪。何疑乎。於是更召璜瑗等五人。共定其議。帝齧超出血爲盟。超等曰。陛下今計已決。勿復更言。恐爲人所疑。冀心疑超等。八月丁丑。使中黃門張惲入省宿。以防其變。具瑗敕吏收惲。

以輒從外入。欲圖不軌。帝御前殿。召諸尚書入。發其事。使尚書令尹勲持節。勒丞郎以下皆操兵守省閤。斂諸符節送省中。使具瑗將左右廐騶虎賁羽林都候劍戟士合千餘人。與司隸校尉張彪共圍冀第。使光祿勲袁盱持節收冀大將軍印綬。徙冀及妻壽。即日皆自殺。悉收梁氏孫氏中外宗親送詔獄。無長少皆棄市。太尉胡廣。司徒韓縯。司空孫朗。皆坐阿附梁冀免爲庶人。百姓莫不稱慶。收冀財貨。縣官斥賣合三十餘萬萬。以充王府用。減天下稅租之半。散其苑囿以業窮民。封單超徐璜具瑗左悺唐衡皆爲縣侯。

世謂之五侯。

臣按桓帝昏庸之主也。然能不以梁冀之援立爲私恩。而勇於除天下之大賊。惜其不謀之公卿近臣。而謀之閹寺。冀雖誅而五侯復横。卒以趣漢於亡。吁。可歎哉。

晉武帝泰始十年。皇后楊氏殂。鎮軍大將軍胡奮女爲貴嬪。有寵於帝。后疾篤。恐帝立貴嬪爲后。枕帝膝泣曰。叔父駿女芷有德色。願陛下以備六宮。帝許之。咸寧二年冬十月。立皇后楊氏。帝初聘后。后叔父珧（音姚）上表曰。自古一門二后。未有能全其宗者。乞藏此表於宗廟。異日如臣之言。得以免禍。帝許之。十二月。以后父駿爲車騎將軍。封臨晉侯。尚書褚䂮音略郭奕皆表駿小器。不可任社稷之重。帝不從。太康二年。帝既平吳。頗事遊宴。怠於政事。后父楊駿及弟珧濟始用事。交通請謁。埶傾內外。時人謂之三楊。

臣按楊珧知一門二后之未有能全其宗矣。盍亦戒懼脩省以求自免可也。而乃預權用事。交通請謁。致有三楊之目。他日之禍。是自取之也。尚何尤焉。

十年。帝極意聲色。遂至成疾。楊駿忌汝南王亮。排出

之

永熙元年。惠帝年號春三月。武帝疾篤。未有顧命。侍中車騎將軍楊駿獨侍疾禁中。大臣皆不得在左右。駿因輒以私意改易要近。樹其心腹。夏四月。武帝崩。太子即皇帝位。是爲惠帝尊皇后楊氏曰皇太后。立妃賈氏爲皇后。賈充女

臣按楊駿獨受顧命。而以私意改易要近。植其所私。楊氏之禍。始乎此矣。

楊駿入居太極殿。梓宮將殯。六宮出辭。而駿不下殿。以虎賁百人自衛。

臣按太極天子之路寢非人臣所得居虎賁天子之爪牙非人臣所得以自衛駿至是不容誅矣。

汝南王亮畏駿不敢臨喪哭於大司馬門外出營城外表求過塋而行駿弟濟勸駿留亮不從濟謂尚書左丞傅咸曰家兄若徵大司馬（謂亮也）退身避之門戶可全咸曰宗室外戚相恃而安但召大司馬還共崇至公以輔政無爲避也濟又使侍中石崇見駿言之駿不從。

臣按宗室外戚其輔朝政雖非先王之令典然

以外戚獨專其任。又曷若與宗室其之爲公邪。
駿欲大政一出於巳。故黜排汝南王亮。不使居
內。其心本欲擅寵也。而不知禍亂之階。乃由此
起。吁。可戒哉。

五月。詔以太尉駿爲太傅。大都督假黃鉞錄朝政。百
官總巳以聽。傅咸謂駿曰。諒闇不行久矣。今主上謙
冲。委政於公。而天下不以爲善。懼明公未易當也。周
公大聖。猶致流言。況聖上春秋。非成王之年乎。山陵
既畢。明公當悉思進退之宜。駿不從。

臣按傅咸之言。可謂忠於駿者也。而駿不從。是

自甘禍敗也。

楊駿以賈后險狠多權略。忌之。故以其甥段廣爲散騎常侍管機密。張劭爲中護軍。典禁兵。凡有詔命。帝省訖。入呈太后然後行之。

臣按惟至公能服天下之心。駿躬秉大政。又以將相之任付之二甥。其能服賈后之心乎。是其布置之周密。適足以召禍而已。

駿辟王彰爲司馬。彰逃避不受。其友怪而問之。彰曰。自古一姓二后。未有不敗。況楊太傅昵近小人。疏遠君子。專權自恣。敗無日矣。吾踰海出塞以避之。猶恐

及禍奈何應其辟乎且武帝不惟社稷大計嗣子既不克負荷受遺者復非其人天下之亂可立待也

臣按晉室之亂王彰數言足以蔽之矣益惠帝之昏庸既不足以嗣大業而楊駿之愚愎又不足以任大政以愚臣而輔昏主雖欲不亂得乎

此武帝詒謀之罪也

秋八月立廣陵王遹為皇太子拜太子母謝氏為淑媛賈后嘗置謝氏於別室不聽與太子相見

元康元年初賈后之為太子妃也嘗以妬手殺數人又以戟擲孕妾子隨刃墮武帝大怒將廢之荀勗馮

統。楊珧。共營救之。楊后曰。賈公閭充字有大勳於社稷謂充弒魏高貴鄉公而成晉之篡也。妃其親女。正復妬忌。豈可遽忘其先德邪。妃由是得不廢。后數戒厲妃。妃不知后之助己。反恨之。及帝即位。賈后不肯以婦道事太后。又欲干預政事。而爲太傅楊駿所抑。遂謀誅駿。廢太后。殺駿于馬廄。收駿弟珧濟。皆夷三族。遷太后于永寧宮。廢爲庶人。董養遊太學。升堂歎曰。朝廷建斯堂。將以何爲乎。天人之理既滅。大亂將至矣。

臣按。外戚之禍。未有若楊氏之烈者。原於駿受遺之非人。顓恣而自用也。駿之受禍。猶所自貽。

至於母后亦罹廢辱。母乃已甚乎。天人之理於是掃滅。此識者所以知其大亂之將作也。

賈后族兄車騎司馬模。從舅右衛將軍彰。女弟之子賈謐。並預朝政。賓客盈門。謐雖驕奢而好客。喜延士大夫。石崇。陸機。機弟雲。潘岳等。皆附於謐。號二十四友。崇與岳尤諂事謐。每候謐出。皆降車望塵而拜。

臣按。楊氏前日之榮寵。今移之賈郭氏。則楊氏前日之賓客。亦移之賈郭之門矣。是其可懼而非可喜者。豈謐之驕豪所能知哉。

太宰汝南王亮。太傅衛瓘。皆錄尚書事輔政。賈后患

二公執政。已不得專政。使帝作手詔賜楚王瑋。使誅
之。二公死。又以專殺罪瑋誅之。於是賈后專朝。委任
親黨。以賈模爲散騎常侍加侍中。以張華爲侍中。中
書監裴頠爲侍中。並管機要。
九年。賈后淫虐日甚。賈模恐禍及已。甚憂之。裴頠旦
夕說從母廣城君。令戒諭賈后。（廣城君郭槐。賈后之母也。）以親厚
太子。賈模亦數爲后言禍福。后不能用。反以模爲毀
已而疎之。模不得志。憂憤而卒。
臣按。賈氏之門。唯模爲可語。模以憂憤而死。則
后家無復有賢者矣。

帝爲人戇騃常在華林園聞蝦蟆謂左右曰此鳴者爲官乎爲私乎時天下荒饉百姓餓死帝聞之曰何不食肉糜由是權在羣下政出多門勢位之家更相薦託有如互市賈郭恣横貨賂公行南陽魯褒作錢神論以譏之曰錢之爲體有乾坤之象親之如兄字曰孔方無德而尊無勢而熱排金門入紫闥危可使安死可使活貴可使賤生可使殺是故忿爭非錢不勝幽滯非錢不拔怨讎非錢不解令聞非錢不發洛中朱衣當塗之士愛我家兄皆無已已執我之手抱我終始凡今之人惟錢而已

臣按是時君德庸闇外戚擅權貨賂上流刑政日紊如此雖欲不亂得乎魯褒之論雖同俚諺然可爲來者戒故錄焉

初廣城君郭槐以賈后無子常勸后使慈愛太子賈謐驕縱數無禮於太子廣城君常切責之及廣城病臨終執后手令盡忠於太子言甚切至又曰趙粲賈午必亂汝家事我死後勿復聽入深記吾言后不從更與粲午謀害太子太子幼有令名及長不好學惟與左右嬉戲賈后復使黃門輩誘之爲奢靡威虐由是名譽浸減驕慢益彰太子性剛知賈謐恃中官驕

貴不能假借之謐時爲侍中至東宮或捨之於後庭
遊戲詹事裴權諫曰謐后所親昵一旦交構則事危
矣不從謐譖太子於后曰太子多畜私財以結小人
者爲賈氏也若宮車晏駕彼居大位依楊氏故事誅
臣等廢后於金墉城如反手耳不如早圖之更立慈
順者可以自安后納其言乃宣揚太子之短布於遠
近又詐爲有娠內藁物產具取妹夫韓壽子養之欲
以代太子于時朝野咸知賈后有害太子之意中護
軍趙俊請太子廢后太子不聽十二月太子長子虨
病篤太子爲之禱祀求福賈后聞之乃詐稱帝不豫

召太子入朝。既至，后不見，置子別室，遣婢以帝命賜酒三升，使盡飲之，遂大醉。后使黃門郎潘岳作書草，因太子醉，稱詔使書之，其字半不成，后補成之，以呈帝。詳見前讒臣篇 帝幸式乾殿，召公卿入示之，廢爲庶人，幽于金墉城，殺其母謝淑妃。

臣按：賈謐以后戚而譖廢太子，是動搖國家之本也，其能免乎。

永康元年，太子既廢，衆情憤怒。右衛督司馬雅、常從督許超，皆嘗給事東宮，與殿中郎士猗等謀廢賈后，復太子，以張華、裴頠安常保位，難以行權，右軍將軍趙王倫。執兵柄性貪冒。可假以濟事。乃說孫秀曰。中宮凶妬無道。與賈謐等共誣廢太子。今國無嫡嗣。社稷將危。大臣將起大事。而公名奉事中宮。與賈郭親善。太子之廢。皆云預知。一朝事起。禍必相及。何不先謀之乎。秀許諾。言於倫。倫納焉。事起。孫秀言於倫曰。太子聰明剛猛。若還東宮。必不受制於人。不若遷延緩期。賈后必害太子。然後廢賈后。爲太子復讎。豈徒免禍。更可得志。倫然之。秀因使人行反間。言殿中人欲廢皇后。迎太子。賈后聞之甚懼。倫秀因遣謐等早除太子以絕民望。后使太醫令程據和毒藥。矯詔使

黃門孫慮至許昌毒太子。太子不肯服。慮以藥杵推
殺之。有司請以庶人禮葬。賈后表請以廣陵王禮葬
之。
夏四月。趙王倫矯詔將兵入。斬賈謐於西鍾下。收賈
后。廢爲庶人。幽之於建始殿。詔尚書捕賈氏親黨斬
之。未幾。相國倫矯詔遣尚書劉弘齎金屑酒賜賈后。
死于金墉城。謚故太子曰愍懷。
臣按。晉氏以不仁得天下。立國之基本固也。而
外戚相繼用事。皆凶殘不道。趣國於亡。蓋愍懷
廢而賈后死。賈后死而趙王簒。由是諸王舉兵

迭相攻討劉淵石勒乘時而起遂據中原由晉
氏骨肉相殘先爲戎狄之行故戎狄得以滅之
也然則兆斯亂者非楊賈而誰哉
唐外戚傳序凡外戚成敗視主德何如主賢則其
榮主否則先受其禍故太宗檢責偉裁賞賜貞觀時
戚里無敢家高中二宗柄移豔私產亂朝廷武韋諸
族耄嬰頸血一日同汙鐵刃玄宗初年法行近親裏
表脩敕天寶奪明委政妃宗階召反虜遂喪天下楊
氏之誅噍類不遺蓋數十年之寵不償一日之慘甲
第厚貲無救同坎之悲寧不哀哉代德而降閹尹參

孽。後宮雖多。無赫赫顯門。亦無刀鋸大戮。故用福甚
者得禍酷。取名少者蒙責輕。理所固然云。唐武后旣
稱帝。改唐爲周。立承嗣爲魏王。三思爲梁王。餘爲郡
王者數人。承嗣三思以親王又爲宰相。又求爲太子。
賴狄仁傑言而止。諸武各任事恣橫。後張柬之尊奉
太子。誅后所幸張易之昌宗。迎太子復位。改周爲唐。
改神龍元年。洛州長史薛季昶謂張柬之敬暉曰。二
凶雖除。產祿猶在。謂武三思等也。去草不去根。終當復生。二
人曰。大事已定。彼猶機上肉耳。夫何能爲。季昶歎曰。
吾不知死所矣。朝邑尉劉幽求亦謂桓彥範曰。武三

思尚存，公輩終無瘞地。若不早圖，噬臍無及。不從。有上官婉兒者，在武后時爲婕妤，用事於中。三思通焉，故黨於武氏，又薦三思於韋后，引入禁中。上遂與三思圖議政事，張柬之等皆受制於三思矣。上使韋后與三思雙陸，博戲也。而自居旁爲之點籌。三思遂與后通。由是武氏之埶復振。張柬之等數勸上誅諸武，不聽。柬之曰：革命之際，宗室諸李誅夷略盡。今賴天地之靈，陛下返正，而武氏濫官僭爵，按堵如故。豈遠近所望耶？願頗抑損其祿位，以慰天下。又不聽。柬之等或撫床歎憤，或彈指出血，曰：主上昔爲英主，時稱勇烈。吾所以不誅諸武者。欲使上自誅之。以張天子之威耳。今反如此事埶已去。知復奈何。上數幸三思第。監察御史崔皎密疏諫曰。國命初復。則天在西宮。人心猶有附會。周之舊臣列居朝廷。陛下奈何輕有外遊。不監豫且之禍。上洩之。三思之黨切齒。以武三思爲司空。同中書門下三品。（宰相也。）敬暉等帥百官上表。以爲天授革命之際。（天授武后年號）宗室誅竄殆盡。豈得與諸武並封。今天命惟新。而諸武封建如舊。並居京師。開闢以來。未有斯理。願陛下爲社稷計。降其王爵。以安內外。不許。

不受王封則其策自沮

三思與韋后。日夜譖暉等恃功專權。將不利於社稷。上信之。三思等因爲上畫策。不若封暉等爲王。罷其政事。外不失尊寵功臣。內實奪之權。上以爲然。以敬暉爲平陽王。桓彥範爲扶陽王。張柬之爲漢陽王。袁恕己爲南陽王。崔玄暐爲博陵王。並罷知政事。三思令百官復修則天之政。不附武氏者斥之。爲五王所逐者復之。大權盡歸三思矣。

張柬之請歸襄州養疾。

是年十一月。則天崩。遺制去帝號。稱則天大聖皇后。

二年春正月。武三思以敬暉桓彥範袁恕己尚在京

眞宰相然亦少一去

師忌之出爲滑洛豫三州刺史。

武三思與韋后日夜譖敬暉等不已皆坐貶處士韋月將上書告武三思潛通宮掖必爲逆亂上大怒命斬之黃門侍郎宋璟奏請推按上益怒不及整巾屣履出側門謂璟曰朕謂已斬乃未邪璟曰人言中宮私於三思陛下不問而誅之臣恐天下必有竊議固請按之上不許璟曰必欲斬月將請先斬臣不然臣終不敢奉詔上怒少解乃命與杖流嶺南過秋分斬之。

武三思惡宋璟出之檢校貝州刺史。

武三思使鄭愔告敬暉等逆謀。貶暉崖州。彥範瀧州。
柬之親州。恕巳竇州。玄暐白州。並司馬員外置。
武三思陰令人疏皇后穢行於天津橋。請加廢黜。上
大怒。命御史大夫李承嘉窮覈其事。承嘉奏敬暉等
使人爲之。雖云廢后。實謀大逆。請族誅之。上以暉等
嘗賜鐵券。許以不死。乃長流暉等於瓊瀼諸州。
三思又諷太子上表請夷暉等三族。上不許。中書舍
人崔湜說三思曰。暉等異日北歸。終爲後患。不如遣
使矯制殺之。三思問誰可使者。湜薦大理正周利用。
乃命攝右臺侍御史以往。柬之玄暐已死。遇彥範於

貴州殺之極其慘毒殺暉恕已亦然
武三思既殺五王權傾人主常言我不知世間何者
謂之善人何者謂之惡人但於我善者則爲善人於
我惡者則爲惡人耳
景龍元年皇后以太子重俊非其所生惡之武三思
尤忌太子上官婕妤以三思故每下制勅推尊武氏
安樂公主與駙馬武崇訓常陵侮太子或呼爲奴崇
訓又教公主言於上請廢太子立巳爲皇太女太子
積不能平七月太子與左羽林大將軍李多祚等矯
制發羽林千騎兵殺武三思崇訓于其第并親黨十

餘人。重俊又欲誅婕妤。不克。爲衛兵所殺。二年。上以安樂公主適左衛中郎將武延秀。初武崇訓之尚公主也。延秀數得侍宴。延秀美姿儀。善歌舞。公主悅之及崇訓死。遂以延秀尚焉。

三年。定州人郎岌上言韋后將爲逆亂。后白上杖殺之。許州司兵參軍燕欽融復言皇后淫亂干預國政。宗族强盛。安樂公主武延秀宗楚客圖危宗社。上召欽融面詰之。欽融頓首抗言。神色不撓。上默然。宗楚客矯制令飛騎撲殺之。上雖不窮問。意頗怏怏不說。由是韋后及其黨始憂懼。

安樂公主欲皇后臨朝自爲皇太女乃合謀於餅餤進毒。六月壬午中宗崩。韋后秘不發喪自總庶政徵諸府兵五萬使韋捷韋璿韋錡韋播等分領之皇后臨朝攝政。武延秀等及諸韋共勸韋后請遵武后故事南北衛軍臺閣要官皆以韋氏子弟領之廣聚徒衆中外連結深忌相王也（睿宗）謀去之相王子臨淄王隆基也（玄宗）先罷潞州別駕在京師陰聚才勇之士謀匡復社稷韋播等數撝捶萬騎（楚軍兵）欲以立威萬騎皆怨果毅葛福順陳玄禮見隆基訴之隆基諷以誅諸韋皆踴躍請以死自効於是勒兵入斬韋璿等以狗。又斬韋后安樂公主武延秀上官婕妤等。捕索諸韋在宮中及守諸門并諸韋親黨及素爲韋后所親信者皆誅之。尸韋后於市。武氏宗屬誅死流竄殆盡。睿宗即位。以臨淄王隆基爲太子。追削武三思崇訓爵謚。斲棺暴尸。平其墳墓。追復故太子重俊位號。雪敬暉桓彥範崔玄暐張柬之袁恕己等罪。復其官爵。追廢韋后爲庶人。安樂公主爲悖逆庶人。

臣按武曌后名反易天常僭穢宸極方其時諸武疏王爵綰相印布列中外肆騁凶悖而承嗣三思其最焉至求爲太子規取神器賴忠賢反復

開寤中宗，得復儲位。未幾，五王奮忠，入誅二孽，迎帝返正。當斯時也，列武曌移唐社稷，滅宗枝之罪，告于九廟，廢處別宮，而丹其族，宜也。諸賢失機，顧以中宗為英主，留三思輩弗誅，使之藉手。未幾，因嬪御以進，自媚於賊后，因復用事，屠揃忠勳，濁亂宮掖，以成韋后入弑逆之禍。蓋自武曌革命以來，三辰翳掩者凡二十餘年。賴明皇奮自諸王，討除內難，於是武、韋二氏殄僇殆盡，人神之憤乃始蘇快，垂之千古，未為后黨之戒焉。臣是以刻著于篇云。

以上論外家驕恣之禍。臣按西漢之戚屬其以權寵致敗者十有六家。而臣所著者唯呂氏、王氏。呂氏事見臨朝篇。後漢至唐戚里之不克終者甚衆。而臣於東都獨著梁、竇氏。於晉獨著楊、賈氏。於唐則著武、韋氏。蓋其尤章章焉者也。人主能鑒觀於斯，必思所以全外族。外族而能戒懼於斯，必思所以自全者。固不待盡述往事，而後足以垂永鑑也。

大學衍義卷之四十三　終